АРТЁМ ПЕРЛИК

ПАТРИСТИКА

ORTHODOX LOGOS PUBLISHING

ПАТРИСТИКА

Артём Перлик

© 2023, Orthodox Logos Publishing, The Netherlands

www.orthodoxlogos.com

ISBN: 978-1-80484-160-0

This book is in copyright. No part of this publication may be reproduced, stored in a retrieval system or transmitted in any form or by any means without the prior permission in writing of the publisher, nor be otherwise circulated in any form of binding or cover other than that in which it is published without a similar condition, including this condition, being imposed on the subsequent purchaser.

АРТЁМ ПЕРЛИК

ПАТРИСТИКА

ORTHODOX LOGOS PUBLISHING

СОДЕРЖАНИЕ

О ЛЕКЦИЯХ АРТЁМА ПЕРЛИКА
ИЛИ КАК ПОНИМАТЬ ЭТУ КНИГУ 8

ПРЕДИСЛОВИЕ
В ЗАЩИТУ ВСЕГО ОСТАЛЬНОГО 11

ХРИСТИАНСКАЯ ЭТИКА 17
    Введение 17
    Христианство и этика 18
    Этика и духовный опыт 25

КТО ТАКИЕ СВЯТЫЕ ОТЦЫ 29

ВСТРЕЧА ЧЕЛОВЕКА С БОГОМ 67

ВСТРЕЧА ЧЕЛОВЕКА С ЧЕЛОВЕКОМ 77

ПРЕДАНИЕ ЦЕРКВИ
В СВЯТООТЕЧЕСКОМ ПОНИМАНИИ 90
    Внешние формы выражения предания 102

ОПЫТНОЕ ПОЗНАНИЕ БОГА
И ИСКУШЕНИЕ НЕВЕРИЕМ 113

ПОМЫСЛЫ 132

СТРАСТИ И БОРЬБА С НИМИ 148

МОЛИТВА И ЖИЗНЬ 157

ВЗГЛЯД СВЯТЫХ ОТЦОВ
НА ЦЕРКОВЬ И МИР 177

ДУХОВНИЧЕСТВО
В ПРАВОСЛАВНОЙ ТРАДИЦИИ 195
    Об исповеди помыслов 200
    Качества наставника 203

Как найти духовника 205

　Общие положения 207

　О совете духовника 211

　Проповедь 212

　Важные мысли о духовничестве 213

　Духовник и ученик 215

КОГДА СТРАДАНИЕ ЕСТЬ ПУТЬ В СВЕТ 218

**СВЯТООТЕЧЕСКОЕ СОЗНАНИЕ
И ВЕРНОСТЬ ЦЕРКВИ** 236

　Верность церкви 236

　Святоотеческое сознание 237

　Человек предания 240

　Свобода православия 247

Посвящаю свой труд моему Старцу Дионисию Каламбокасу, супруге Ольге и Маме Татьяне, которые так много сделали для роста моего сердца и радости моей жизни, что эта книга была мной написана.

О ЛЕКЦИЯХ АРТЁМА ПЕРЛИКА ИЛИ КАК ПОНИМАТЬ ЭТУ КНИГУ

Однажды я была на лекции по патрологии, причём необычным образом – по телефону, слышала все, что происходит в аудитории, но была лишена возможности активно участвовать в занятии, но это к слову и это не главное.

Лекцию вёл мой учитель и дорогой друг, человек, соответствующий своему званию православного патролога – Артём Александрович Перлик.

Тогда речь шла о святых Иустине Философе и Иринее Лионском, лекции которые я хорошо помню и темы которые хорошо изучила. Но не хотела бы долго говорить о своих чувствах и переживаниях, а хотела бы немного рассказать об особенностях занятий с Артемом Александровичем.

Во-первых, поражает объем работы преподавателя в подготовке авторских лекций(!). Многие преподаватели берут один, на их взгляд, авторитетный учебник (иногда несколько) и создают курс лекций, что конечно не отменяет компетенции в своем предмете. По этому поводу приведу сравнение, если спросить у историка-медиевиста чем отличается крито-микенская культура от афинской, или особенности взглядов Протагора и Продика, то он скорее всего ответит что-то из общих мест о истории Древней Греции.

Если у Артема Александровича спросить, кто из святых отцов говорил о ценности борьбы за добрые отношения с человеком, то он приведет несколько цитат из древних отцов, современных святых и даже слова ныне живущих старцев упомянет, хоть хронологические рамки, как многие считают, классической патрологии доходят до конца VI в. Попутно объясняя, что такое патрология, и что у неё есть только начало, приведет несколько случаев из своей жизни и своих друзей, даже смешные ситуации он употребляет на пользу.

Во-вторых, простота и доступность, с какой излагаются величайшие Божии тайны, о которых «следует молчать». Следуя великим Отцам, которые говорили о Божиих тайнах, защищая Православие, мы сейчас изучаем это наследие, нередко путаясь и недоумевая, но Артем Александрович, с Божией помощью, находит такие слова, что реальность мысли святого становится твоей реальностью. Он буквально за ручку каждого ученика подводит к Святому и знакомит с ним. Никакие научные выкладки с сотнями страниц комментариев и библиографии не заменят живого приобщения к Преданию.

В-третьих, на лекции ты можешь узнать не только об учении Святого Отца, но и об обычаях викингов, особенностях лирики позднего Пастернака, личной жизни Данте, теории сингулярности, бытовых особенностях современного греческого монашества, о десятках подвижников, которые живут с тобой по соседству, о философии Конфуция и о многом другом. И всё это будет свидетельствовать о всеблагости Творца.

В-четвертых, на лекциях всегда царит теплая братская атмосфера, даже, те, кто приходят сюда впервые замечают, что их встречают как закадычных друзей. Тебя всегда поприветствуют лично, поинтересуются успехами, нередко окажут помощь в твоих проблемах. Часто с лекций домой приносишь не только радость, но и маленький подарочек.

Но самое главное, преподавателя, что называется, можно «потрогать». Артем Александрович с радостью ответит на все вопросы, часто не касающиеся тем лекций, будет рад пройтись пешком со студентами и разговаривать на самые интересные темы. Ему можно всегда позвонить и не обязательно говорить об учебе. Можно пригласить Артема Александровича в гости и это не будет фамильярностью, а будет праздник для всей вашей семьи. Можно даже прийти в гости к нему самому и тогда вы точно узнаете, как живет Дедушка Мороз все 364 дня в году!

Отдельно хочу сказать о том ощущении Неба, которое чувствуешь после лекций Артема Александровича, думаю, многие его студенты меня поймут. После его лекций хочется жить, молиться, каяться, появляется вдохновение нести свой крест дальше. Несомненно, проводить такие лекции – это Божий дар, которым Артем Александрович щедро со всеми делится. И убеждать, и говорить с такой силой, и утешать до глубины не сможет человек только лишь ученый или талантливый, но человек, не понаслышке знающий о страдании, горе, муках, избавлении, покаянии, милости и Благодати.

Все, кто имеет такую счастливую возможность ходить на лекции Артема Александровича, не пренебрегайте этой возможностью прикоснуться к Небу.

Для всех остальных эта книга «Пастристика», читая которую, вы окажетесь на этих прекрасных лекциях Артёма Александровича.

С благодарностью, преподаватель подразделения Духовной культуры и христианской этики, Ольга Данченкова.

ПРЕДИСЛОВИЕ
В ЗАЩИТУ ВСЕГО ОСТАЛЬНОГО

Митрополит Антоний Сурожский говорил, что у людей ходящих в храмы, обычно существует некое карикатурное представление о святых, как людях строгих, аскетах, приверженцах устава, никогда не смеющихся, закрытых от всей мировой красоты, ругающих мировую культуру, постящихся до обморока, мрачно рассуждающих о всеобщей греховности и столь же мрачно о необходимости покаяния, всюду усматривающих грех и указующих каждому пришедшему к ним, что «всяк человек ложь – и ты тож» и «червь есть, а не человек». И хотя всё это – лишь злая карикатура на святых, людей пасхального бытия умеющих «любить Бога и делать что хочешь», но у огромного количества ходящих в храмы людей представления о красоте, глубине и мудрости православия столь же карикатурно, как и приведенное выше представление о святых.

Потому один из смыслов проповеди заключается в том, чтоб открыть людям святоотеческое, подлинное измерение христианства. Хотя, конечно, чтоб открыть другим эту настоящесть и высоту говорящий должен иметь святоотеческое сердце…

Довлатов писал: *«Мрачность издали напоминает величие духа»*. Это особенно актуально для ходящих в храмы на территории бывшего СССР, где тяжеловесный и угнетающий Ферапонт из «Братьев Карамазовых» народу кажется куда весомей и праведней настоящего старца – ликующего, пасхального и учащего свободе в Боге аввы Зосимы.

И, конечно, разнообразные формалисты, все кто цепляется за свои искаженности восприятия церкви и веры, считают подлинное понимание христианства безумием, а человека-носителя святоотеческого сознания – безумцем. Г. Померанц писал об этом: *«На Ферапонтах шапка горит»*, – ведь люди лжи не выдерживают сияния Духа в своём современнике. Потому-то о. А. Шмеман и говорил, что Христа любят грешники и святые, а вот благочестивые, религиозные люди, наоборот – Его распинают. Ведь Христос распят не атеистами и не язычниками. Греческий старец Дионисий Каламбокас говорит об этом: *«Благочестие распяло Христа»*.

Русский писатель Николай Лесков выражает это состояние формализма, веками растущее в Русской церкви, словами: *«Букву мёртвую блюдя здесь живое Божие дело губят»*.

Хотя формализм затопляет РПЦ, но для большинства прихожан на территории бывшего СССР эта проблема совершенно незаметна. И это понятно – борьба с формализмом (фарисейством) – не дело новоначальных (неофитов), такая борьба требует причастия Духу. РПЦ с начала 90-х годов XX столетия и до сих пор так и осталась церковью новоначальных людей, богообщение заменяющих исполнением формы и обряда.

Так и церковь часто тоже может быть тем местом, где человек теряет или не встречает Христа. Это происходит каждый раз, когда пришедшему в церковь нужно что-то помимо Христа: улучшение собственного положения, решение проблем, психологический комфорт, правильно справленный обряд, послушание детей (отдадим их для этого в воскресную школу) и десятки тому подобных вещей. Но не Христос как Единый, в Ком должно быть драгоценно всё остальное, подлинно важное и высокое.

Между тем Христос не скрывается от людей, и в Великий Четверг Своей земной жизни Он назначил нам всегдашнее место встречи с Собой: это соединённые воедино частое причащение и деятельная доброта.

Одна моя студентка узнала, что такое благодать только после того, как стала посещать психиатрическую больницу и кормить там больных. После каждого посещения она с удивлением говорила, что ей теперь «легко, светло и чисто в душе», чего раньше с ней почти никогда не случалось.

Мы обретаем Христа всегда ровно в ту меру, насколько живём для других. В этом секрет того, что почти никто в храмах РПЦ так и не знает, что же такое живой опыт живого Бога.

Вера превращает жизнь человека в цветную радугу богообщения, когда он начинает ощущать себя персонажем сказки, которую пишет для всех милосердный Бог. Но вера может быть и придавливающей к земле кабалой, когда человек всецело сосредотачивается на себе: своих грехах, своих переживаниях, и носится с собой как курица с яйцом. Такой человек никогда не повторит вслед за святым Паисием Афонским, что не заботится о том, куда Христос поместит его после смерти, так как всецело желает каждую минуту радовать любимого Бога не за награду, а потому что любит Его.

Глядя на многих ходящих в храмы людей с болью замечаешь, что из них будто выпита жизнь и осталась одна не замечаемая ими искажённость: лицемерие, формализм, засилье внешнего и, как следствие, боязнь всего подлинного, всего, в чём и ком действует Дух Святой. Выйди такой человек из своего, стань он – для других, перестань в добром смысле заботиться о своём, – и обрёл бы радость. А ведь именно радость – есть знак того, что наш путь ко Христу верен.

О. Александр Шмеман пишет: *«У всех "проблемы", все как-то "распалено", искажено, карикатурно, и во все тянут и впихивают "Бога" и "Православие". Чувство такое, что ни одного счастливого человека кругом, счастливого тем счастьем, которое, казалось бы, должно было бы источаться из богослужения, молитвы, богословия и т.д. Как если бы про религию нужно было бы сказать словами Толстого: "Все смешалось в доме Облонских...". Мы все твердим себе и другим: "Человек несчастен без Бога". Но почему же тогда он так несчастен "с Богом"? Почему эта "религия" "амплифицирует" все мелкое и паршивое в человеке: гордыню, самопревозношение, страх?»*.

Грустный ответ на этот вопрос таков: слишком мало людей даже в церкви живущих Богом, потому что такая жизнь невозможна до тех пор, пока человек существует лишь для себя. Радость возможна лишь только там, где я – для других.

Помню, как Мария Важева говорила, что в храмах на постсоветском пространстве наблюдается некое благочестие забитости, когда с амвона все время говорится о недостоинстве и греховности, и почти все слушающие старательно кивают, а потом опускают головы, вжимают плечи и идут в «грешный мир» до следующего воскресенья…

Такие верующие любят укорять себя и сетовать, что осуетились и о небесном некогда и подумать. Дальше вздохов и слушания заунывных православных песен дело не идёт.

В Европе же риторика несколько иная, здесь чаще говорят о Христе, но нет сил и огня встать и пойти за Ним, потому что дороже комфорт и стабильное завтра, чем доверие и желание стать живым.

Так и живут христиане без сил и смысла, от постов к праздникам. Лишь бы особо не тревожил никто.

Общая тональность верующих Европы – теплохладность. Общая тональность верующих на постсоветском пространстве – страх. Одни хотят больше заработать, поэтому не позволяют себе роскошь – литургии в будние дни, другие боятся прогневать Бога и держатся за многочисленные правила и запреты, большая часть из которых – выдумки сельских бабушек. До сути веры, до смысла богослужения, до жажды жизни с Богом особо дела нет никому. Когда говоришь таким верующим, что Господь призывает к святости, что задача православного христианина стать не добропорядочным, а совершенным, то на тебя смотрят как на еретика или юродивого. Ведь проще вычитать правило по молитвослову, чем проявить милость к ближнему. Проще в среду не съесть сливочное масло, чем принять спокойно недостатки соседа. Служба в воскресенье превращается в часть ритуала и время, когда можно встретиться со знакомыми. А храм – в кружок по интересам.

Но ведь Церковь, как она была задумана Христом, сияет благодатью! Господь дает жизнь с избытком в таинствах! А люди по большей части спят и просят не тревожить их, как бы чего не вышло…

Даже таинства и молитва раскрываются для нас в доброте.

Святая Мария Скобцова говорила, что в жизни, наследии и душе каждого человека сгорит или сгниёт всё то, что он не потрудился отдать по любви к другим.

Как-то мы проводили большую театрализованную игру для городских детей. Рядом со мной трудились девушка и женщина, и все мы пришли в тот день играть с малышами после воскресной литургии. Женщина постоянно жаловалась, что общение с детьми нарушает её молитвенную сосредоточенность после причастия, а девушка радовалась тому, что может послужить другим. Девушка не причастилась в тот день, но лицо её сияло благодатью, а женщина, хоть и причащалась, но была тусклой и безжизненной, и общаться с ней не хотелось.

Христос открыл, что вся аскетика, всё благочестие, все смыслы жизни и глубина с подлинностью меряются всегда по любви, по готовности отдать себя и своё, чтобы через твою жертву был счастлив другой.

ХРИСТИАНСКАЯ ЭТИКА

Введение

Патристика занимает важное место среди других церковно-богословских предметов, поскольку она изучает непосредственно церковное предание и то, как предание реализовалось в жизни святых отцов. Святой Иустин Сербский говорит об этом: *«Мы не устаём говорить, что святые люди говорили Духом Святым и поэтому их мысль верна»*.

Если учесть, что церковное предание – это не собрание рассказов и легенд, а Святой Дух, действующий в Церкви, то получается, что мы будем рассматривать не просто мировоззрение отдельных, пусть и святых людей, но слово о сокровенном бытии Бога, мира и человека, о самой сути отношений Бога и человека, человека и человека. Патристика изучает взгляды святых отцов на разные вопросы. По сути, это единственный в мире трезвый и правильный взгляд на мироздание целиком, потому что за этим взглядом стоит взгляд на мир Самого Бога, отраженный в опыте и неповторимой личности того или иного святого.

Вопрос о мире и связи Бога, мира и человека, вопросы о самом человеке, его месте в творении, пути и цели его жизни, смысл существования Вселенной – всё это рассматривается патристикой. Рассматриваются также многие вопросы, которые для каждого мыслящего человека имеют значение – богословие и смысл службы и таинств, служение человека в мире, пути христианской жизни: брак, девство, монашество, правильная молитва и вообще аскетический строй духовной жизни – всё это так же рассматривают святые отцы.

Христос говорит: *«Кто верует в Меня так, как сказано в Писании, то у того из чрева потекут реки воды живой»* (Ин 7:38). И дальше мы читаем объяснение: *«Сие сказал Он о Духе, Которого имели принять верующие в Него»*.

Эти слова сбываются в жизни святых отцов, потому что святой – это человек пронизанный Богом, исполненный Богом, и в большинстве случаев, говорящий Божие слово. По этой причине изучение мысли святых отцов в буквальном смысле подобно тому, как если человек пьёт живую воду Святого Духа.

Радостным моментом изучения святоотеческого наследия является так же и то, что святые отцы смотрят в сердце тех, кто читает их книги и пытается проникнуться их образом мысли и помогают этим людям. В то время как мы читаем о них, они помогают нам правильно воспринять их и изменить жизнь.

Другим важным моментом является так же и то, что святые отцы делились своим сокровенным опытом богообщения с той целью, чтобы и мы тоже стали причастниками этого опыта, причастниками их образа жизни, а не только образа мысли.

Учиться у святых отцов означает не просто повторять когда-то ими написанное, но входить в святоотеческий образ мысли и жизни, постепенно проникаясь тем же Духом, что и отцы, и переживая то же, что и они.

Христианство и этика

Святой Иоанн Кассиан Римлянин говорит: *«Лучший путь к уразумению духовных истин лежит в нравственном опыте христианина. Невозможно нечистой душе приобрести духовное знание, с каким бы постоянством ни трудилась в чтении».*

О. Никон Воробьёв, словно дополняя эти слова, пишет: *«Духовный мир постигается духовным деланием, а не разговором и чтением только».*

Мораль не возникает в обществе на каком-то этапе его развития, а присуща ему изначально, от Адама всем известно, что хорошо, а что плохо. На всех стадиях развития общества ему присуща мораль. Очень редко встречаются племена дикарей живущие не этично.

Сила и слабость христианской этики в том, что из всего многообразия Предания основной упор делается на учении о Христовой любви, о добре и зле. И люди часто думают, что раз так, значит всё остальное неважно – ни догматика, ни таинство богообщения.

Православие и этика его – живой внутренний опыт. Этика – не самое важное в христианстве. Центр Евангелия – историческая личность Христа, Который одновременно и Бог, и Человек. И нельзя отделять христианскую этику от самого Христа. Православие не знает автономной этики (как у протестантов), а этика у нас религиозна.

Это для Запада характерна этика как автономный предмет. На Западе богословское сознание дробится, в православии всё вместе. У них это идёт от блаженного Августина, который неправильно противопоставил природу и благодать. Позднее Фома Аквинский усугубит это противоречие. Для Запада характерно дробление единого на части и это дробление, анализ преобладают над единством. А у протестантов вообще есть идея, будто бы смысл Христовой проповеди – нравственное учение. Но на самом деле Он пришёл, чтоб приобщить нас к Себе – в этом дар новой жизни.

Для православия нет дробления на этику, таинство богообщения, догматику – они неразрывно связаны.

В настоящее время наиболее ценным, важным в христианском мировоззрении для людей неверующих, индифферентных к религиозным вопросам или даже прямо, открыто враждебным к христианству как таковому является этика. Причем этическое учение берется не в своей целостности, но избирательно. Высоко оценивается христианское понимание любви, жертвенности, сомнению подвергаются такая, например, добродетель как смирение. Для мирского человека ценность добродетелей смирения и терпения совершенно не ясна. Когда, допустим, человек долго терпит мучения и обиды и кротко всё перенося, становится праведным, то такой путь отвергается обычным человеком.

Почему? Потому, что такие добродетели связаны не только с радостью, но и со страданием. Это страдание в конце приводит человека в Божий свет и Божью радость, но мирской человек совершенно не хочет никакой боли ради преображения себя. *«Слово о кресте для иудеев соблазн, для эллинов безумие»* (1 Кор 1:23), – говорит апостол Павел.

Православный человек мыслит не так, как мирской, хотя в духовное мудрование он тоже входит постепенно. Православному может быть радостно потерпеть за Господа. Когда, например, старца Павла Груздева спрашивали, откуда у него духовные дары, он отвечал, что это ему дали четырнадцать лет, когда он сидел в лагере за веру. Старец Иоанн Крестьянкин говорил, что самая пламенная молитва у него была в те пять лет, когда он сидел в лагере за веру.

Вообще, духовный взгляд и в скорби, и в избавлении от неё видит Божью милость, а Бог, по мысли таких отцов как Авва Дорофей и Иоанн Кассиан Римлянин, из всех возможных ситуаций предлагает нам наилучшую и всегда это делает по Своей любви к нам.

О. Никон Воробьёв по этому поводу говорит: *«Бог есть любовь, а любовь не может попустить зла любимому»*.

Самый главный, самый важный в христианстве Сам Господь. Центр всего Евангелия не в этическом учении. **Митрополит Антоний Сурожский говорит об этом:** *«Этическое учение – производное и почти второстепенное для меня. Мне кажется, что для христианина абсолютный центр Евангелия – историческая личность Христа, Который был и Бог, и человек, и если это изъять, то учение Христа является одним из учений, которое можно воспринимать в большей или меньшей мере».*

Проповедь Христа и апостолов влекла за собой тысячи людей, пример подвижников благочестия древнего христианства порождал поколения последователей и учеников, но центром проповеди была сама личность Христа.

Рассматривая этику как отдельную науку, человек получает знания, но знания без мотивации. Христианская этика – это жизнь во Христе, в Духе.

С точки зрения Священного Предания и Священного Писания не существует дробления на догматику, мистику богообщения, этику, как это свойственно западной науке. Когда мы говорим о православной этике, мы неизбежно включаем в ее состав и аскетику, и таинство богообщения. Основания для этого мы находим в Священном Предании.

Если же происходит разрыв сознания на этику и догматику (как у протестантов), то обрываются связи, делающие этику действенной, так как не происходит приобщения к Богу, а будет просто пустое, не пережитое человеком знание. К тому же, сама по себе заповедь о любви ничего сделать не может, нужна ещё и сила Божия, которую Он даёт человеку, чтоб тот мог любить.

Идеал этики в православии – не добрый и хороший человек, а совершенный. Бог говорит: *«Будьте святы, как Я свят»* (1Пет.1:16).

Специалист по христианской этике – человек святой жизни.

Христианская этика невозможна без правильной аскетики, но аскетика должна быть основана на любви. По мысли одного современного церковного писателя *«аскетика без любви похожа на замок снежной королевы».*

Однако человек без Бога не может научиться такой любви, когда Сам Христос живёт в человеке и любит в человеке.

Как достичь такой любви? По слову святого Макария Великого, когда человек желает стяжать добродетель, то должен делать дела свойственные этой добродетели. В данном случае это дела любви. Ещё человек должен молиться, чтобы ему была дарована эта добродетель. Бог увидит намерение человека и даст ему любовь. Потому что от человека зависит желать и стараться, но получить благодатный плод духовной жизни – это зависит от Бога.

Аскетика делает человека прекрасным.

Поэт А. Блок пишет: *«Сотри случайные черты и ты увидишь, мир прекрасен».*

Аскет пишет икону самого себя и стирает случайные черты. Каждый из нас несёт в себе образ Божий. Аскет старается очистить в себе этот образ от всякого безобразия и греховной поврежденности.

Этика христианства основана на возможности богопричастия. А оно основано на том, что человек есть образ Божий и должен взойти к подобию Бога. Этот путь – путь духовной жизни.

Вся духовная жизнь в человеке должна совершаться ради любви.

Святой Василий Великий говорит: *«Не великие дела угодны Богу, а великая любовь, с какою они делаются. Нет ничего великого, когда любят мало, и нет ничего малого, когда любят много».*

Однажды к святому Антонию Великому пришел другой отшельник и спросил его, почему Антоний меньше чем он совершает трудов, молитв, постов, бдений, а благодать имеет большую? И святой Антоний ответил просто: «Я больше люблю Господа».

Помните пример евангельской грешницы, которой больше простилось, потому что она больше полюбила?

Подобное притягивает подобное – недобрый не соединится с Богом. Причём Сам Бог должен решить, кто добрый, а кто нет. То есть мы должны взглянуть на себя глазами Евангелия, глазами Христа – и исцелиться.

Святой Исаак Сирин говорит об этом движении к Господу: *«Бог открывается по силе житья».*

В какую-то меру богообщение знакомо христианам. Святой Феофан Затворник утверждает, что опытное познание Бога необходимо для каждого христианина. Но появляется оно, конечно, в меру его подвига и упражнения в добродетелях, в меру его служения другим.

Именно общением с Богом живут настоящие христиане. Православный, даже богословски неграмотный, ощущает, что те истины, которые говорят ему проповедники, доступны его постижению непосредственно, через литургический опыт.

Приведу такой пример. Одна пожилая женщина, жившая в Донецке в годы советской власти, стояла в очереди на квартиру. Она была верующей и часто ходила в храм. По этой причине из КГБ пришел указ, что её надо лишить

очереди на квартиру. Узнав, что её лишили очереди, она не побоялась прийти в КГБ и спрашивает:
– Почему?
– Так ты ж, бабушка, в храм ходишь…
– Ну та й що?
– Так ведь Бога нет!
– Да? А де дився???

То есть реальность существования Бога была для неё несомненна и пережита на опыте.

Богообщение таинственно совершается в сердце – это и чувство близости Бога, и чувство, что Он рядом и родной, и что Он направляет нашу жизнь в свет.

Чтобы стать святым нужно прежде стать человеком церкви, жить для других и принимать участие в литургии.

Человек не может стать добродетельным, если он не принимает участия в службе, в литургии. Ведь к добродетели самому, без помощи Божией не взойти, только своими силами человек стать добрым не может.

Авва Дорофей говорит даже, что Бог награждает не за труд, а за смирение. То есть за святое устроение души. Такое устроение, которое способно принять благодать и соединиться с Богом. Добрые дела должны быть выражением добродетельной души. Если они совершаются по страсти, Бог отвращается от них. Конечно, у нас бывает, когда в нашем добром деле есть что-то страстное, что-то чистое. Такое дело Бог тоже принимает, и мы не должны оставлять дело, когда видим, что к нему примешивается страсть. Но со страстью бороться должны.

Однажды к старцу Паисию Афонскому пришли монахини и сказали, что когда поют на клиросе, то тщеславятся, потому, что поют красиво, и они хотели по этой причине бросить клирос. Но старец сказал, что клирос бросать нельзя, так как это их служение Богу. Только надо одновременно и петь, и бороть тщеславие.

Этика и духовный опыт

Приведём по этому поводу несколько цитат:

Святой Иустин Сербский: *«Кто хочет узнать, от Бога ли эти заповеди, тот пусть начнёт творить их и узнает, от Бога ли они».*

Разговор святого Варсонофия Оптинского с Разгильдеевым: *«Наука эта великая, наука о спасении души и достижении Царства Небесного. Вот за это вам надо взяться.*

— Да, положим, это верно, только как? Постов, например, соблюдать я не могу.

— А вы пробовали?

— Положим, что нет. Вы скажете: ходите в церковь, а, откровенно говоря, она меня нисколько не удовлетворяет. Я, правда, люблю вашу службу, вы служите без вычурностей, просто, но впечатления это на меня не производит.

— Но вы верите в Бога?

— Да или хотел бы, по крайней мере, веровать. Догматы Церкви я признаю все целиком, но как обрести действительную веру?

— Такую веру можно обрести только исполняя все заповеди Христовы. В Евангелии от Иоанна Господь говорит: "Испытайте Мое учение и увидите". Вот что нужно посоветовать каждому неверующему. Испытайте и увидите. Бог ли Христос или великий пророк, философ».

О. Никон Воробьев: *«Я всегда и поныне убежден, что ищущему Бога и желающему жить по воле Его (т.е. по совести, заповедям) — обязательно будет дано уверовать или даже больше: опытно убедиться в бытии Божием и духовного мира. Так говорит и Иисус Христос: Ищите царствия Божия, и все (необходимое для мате-*

риальной жизни) приложится вам. Много примеров, да и моя личная жизнь – доказательство этому. К сожалению, нельзя убедить другого без его собственного желания и труда».

Бог Сам общается с душой и дарует ей познать Себя.

Дело в том, что Господь таинственно сокрыт в Своих заповедях. Стараясь исполнять их мы встречаем Его.

Христос не ходил и не говорил всем моральные истины – Он принёс дар новой жизни.

Наша этика – этика доверия Богу. Мы не знаем, почему Бог попустил то или иное, но веруем Ему и доверяем Ему нашу жизнь и в скорби тоже. Ведь из любой скорби Бог, по слову Паисия Афонского, извлечёт даже не одно добро, а три-четыре добра.

Чего требует христианская этика

Святой Иоанн Кассиан Римлянин: *«Главное внимание, старание, труд, должны быть направлены к тому, чтобы дух всегда прилеплялся к Божественным предметам и к Богу».*

Святой Феофан Затворник говорил, что память о Боге, которая приводит к ощущению Бога, должна быть в человеке так же неотступна, как память о том, что у него сейчас болит зуб. Как этого достичь? Частой молитвой в течение дня. Все, что с нами случается, мы можем обращать в повод для молитвы.

Кроме того, постоянная молитва, по слову святого Иустина Сербского *«непрестанно усиливает нашу любовь к Богу».*

Не всякий, называющий себя христианином, таков в действительности, но тот, кто очищает себя для Бога. Ещё в дни Ветхого Завета существовало понятие «Истинный Израиль». Это были те, кто понимали дух Закона Моисеева верно и хотели жить для Бога. Хотя верующими в Израиле были все. Такое же положение сохраняется и Новозаветной церкви.

Святой Феофан Затворник говорит об этом так: *«Господь платит требуемую подать церковную и все другие порядки, и церковные и гражданские, Он исполнял и апостолов так научил, и апостолы потом предали тот же закон и всем христианам. Только дух жизни принимался новый; внешнее же все оставалось как было, исключая того, что явно противно было воле Божией, как, например, участие в идольских жертвах и т. п. Потом христианство взяло верх, вытеснило все порядки прежние и водворило свои. Следовало бы ожидать, что таким образом духу христианскому удобнее будет развиваться и крепнуть. Так оно и было, но не у всех. Большая часть, освоившись с внешними христианскими порядками на них и останавливалась, не заботясь о духе жизни. Так это и доселе ведется. Из всей суммы христиан кто-то окажется христианином и в духе. Что же прочие? "Имя носят, как живые, но вот - мертвые". Когда апостолы проповедовали Евангелие, то слово их избирало часть Божию из среды всего языческого мира: ныне Господь, через то же слово, выбирает часть свою из среды христианского мира. "Читающий да разумеет", и да восприимет заботу узнать наверно, состоит ли он на части Господней, и если не найдет удостоверения в том, да попечется присвоиться Господу, ибо в этом одном спасение».*

Христос говорит, что не всякий говорящий «Господи» войдёт в царство небесное, но исполняющий волю Бога туда войдёт. В чём эта воля? Она в том, чтобы человек стал праведным и святым. Это одновременно означает, что он должен полюбить других настоящей любовью и жить для других всем сердцем и разумением.

Церковь и создана, чтобы восстановить, разрушенное грехом, единство людей с Богом и друг с другом. Единство столь же родственное, как у Лиц Троицы. Через человека мир способен принять Бога. И так до тех пор, пока Бог во Втором пришествии не будет «всяческая во всём».

Церковь находится одновременно и в отечестве, и в пути. Царство Небесное уже дано нам, оно переживается в литургической любви. Но, вместе с тем, мы ещё идём туда по дороге преображения себя и мира вокруг себя.

КТО ТАКИЕ СВЯТЫЕ ОТЦЫ

Когда-то я учился в семинарии. Я поступил сразу на второй курс, проучился там один год, увидел, что это не моё, и ушёл. Может возникнуть вопрос: зачем я вообще туда поступал? Но молодому человеку, который только-только пришёл в храм, хочется в церкви быть кем-то, и он представляет себе иного служения, чем служение священника, монаха; а в случае, если это девушка — то матушки или монахини. Других служений молодой человек, который только пришёл в церковь, и вообще новоначальный, себе не представляет. Когда же я поступил в семинарию, то увидел, что современное семинарское образование в РПЦ, да и не только современное, как я узнал позднее, не помогает человеку стать священником в том смысле, в котором о священнике говорили святые отцы. Потому что для таких отцов, как Григорий Богослов, Иоанн Златоуст, священник — это был бог, который делает других богами. И конечно, такому священству семинария ни в коем случае научить не может. Сами святые отцы шли другим путём: они становились учениками у святых, у старцев, возрастали в праведности, и потом, когда их учителя-старцы видели, что те достигли высоты, то против воли ученика рукополагали его во священство.

Семинарское образование, традиционно, очень низкопробное, но даже и оно без духовного руководства, без духовника, без старца не может привести человека к священству. Вспоминаю, как я собирался поступать в семинарию и приехал в монастырь известного тогда старца Зосимы Сокура, и оказалось, что старец не благословляет молодых людей поступать в семинарии вообще. Я посчитал, что это какая-то глупость: почему он не благословляет; почему это именно так? И не послушавшись его, поступил. Но оказалось, конечно, что старец был абсолютно прав, и что семинария священником человека не делает. Подобным образом, кстати, высказывались и другие подвижники, которых я слышал и спрашивал, как старец Илий Оптинский и другие замечательные люди. Много позже я услышал от одного епископа следующую фразу: «До семинарии Бог есть, после семинарии Бога нет, после академии Бог был». Почему? Потому что человек, приходя в семинарию, горит. Не всякий, но многие горят. Но когда он приходит туда, то он видит вокруг себя ту самую мёртвую часть церкви, которую так обличали святые отцы, которую так обличал Христос в Евангелии; не выдерживает этой мёртвости, не ожидает её, эту мерзость опустения на святом месте, и довольно быстро теряет и веру, и дух, и желание. Это большое искушение.

Я вспоминаю, как мне приходилось реабилитировать многих семинаристов, которые закончили семинарию и практически полностью разуверились и в Боге, и в церкви. Конечно, если бы я услышал эту фразу епископа раньше, я бы ей не поверил, как я не поверил словам старца Зосимы Сокура. Но этот епископ, и старец Зосима знали, о чём говорили.

Поступил я сразу на второй курс и столкнулся с тем, что в церкви, как оказалось, могут быть люди, совершенно далёкие от всякого понимания духовной жизни; люди, не ищущие Духа Святого, так называемые духовные обыватели, только облачённые в рясы и занимающие какие-то должности в церкви как организации, как они себе эту церковь представляли, как они её видели – то есть люди, совершенно холодные и равнодушные.

Меня это потрясло, потому что я тогда был учеником одного светлого священника, впоследствии ставшего епископом. И этот священник учил своих прихожан праведности. Он учил верно, он учил ей так, как нужно учить. И я не мог представить себе, что бывают другие храмы, что бывают другие обычаи, что люди могут этой праведности не искать. Единственное, что я вынес тогда из семинарии, это опыт тяжёлого страдания в течение девятимесячного там пребывания. Но ещё я был волонтёром в больнице, мне это было приятно. В целом это, конечно, был год страданий. Впрочем, христианину всегда полезно пострадать, посидеть в тюрьме или испытать какое-либо стеснение, неудобство, давление, притеснение или что-то подобное. Потом всё проходит, забывается, уходит.

Когда я пришёл в семинарию, то увидел, что лучшие люди гаснут, и гаснут очень быстро, что они все не выдерживают этого давления, этой схоластичности, этой мёртвости, этой мерзости запустения на святом месте. Те огоньки, которые горели в их душах, рассыпаются в искры и становятся золой. Я понял, что то же самое может произойти и со мной, если только я поддамся этой общей тенденции, то потухну. Нужно было хранить себя в главном. Главным, конечно же, было само христианство, главным был сам Христос. Но о Христе говорили в семинарии так мёртво, что даже такой прекрасный предмет как Новый Завет вызывал только смертную скуку у слушателей, насколько схоластично о нём говорили. Даже цитаты Нового Завета угасали в таком преподавании. Можете себе представить, насколько преподавание было мёртвым. Тогда я каким-то образом, по вдохновению Господню понял, что христианство настоящее и прекрасное, что оно не похоже на то, что происходит вокруг меня. Это был

2004 год. Никакого интернета у массового пользователя не было. Не было вообще ничего. Нужно было как-то найти это самое настоящее христианство. И я решил, что, поскольку, оно есть, я был уверен, что оно есть, раз есть Христос – значит, я должен его искать. Искать лучше всего было в библиотеке и в литургии. Литургию семинаристы превращают в какое-то мерзостное действо: они насмехаются над ней, они кощунствуют, когда совершают службу. Но библиотека была свободна от этих дикарей, и я мог туда приходить. Больше никто в библиотеку не ходил, так как чтение не является любимым занятием семинаристов. Их любимое занятие – найти себе девушку или выпить водки. А я приходил в библиотеку и читал. Там я открыл для себя тех авторов, которые говорили о глубине и красоте христианства. Это были как современные богословы, такие как Шмеман, Мейендорф, Флоровский, Афанасьев, Киприан Керн, Антоний Сурожский, Софроний Сахаров, Паисий Афонский. Там же я нашёл и святых отцов. И в этой библиотеке, в которую кроме меня никто не ходил, я нашёл то самое христианство, которое существует на самом деле, оно всегда было, есть и будет прекрасно! И никакие люди извратить его не могут, потому что христианство – это Троица, сошедшая к человечеству, объединившая вокруг себя Вселенную. И поэтому церковь – это объединение мира, бытия вокруг Троицы. Такую церковь, конечно, одолеть ничто и никто не может.

Существует два способа изучения святых отцов. Два совершенно разных способа, которые оба в равной мере должны пригодиться человеку. Первый способ практический, а второй научный.

Практический способ – это изучать святых отцов, чтобы спастись по их опыту. Ведь святые отцы сами спаслись и показали другим людям путь, как исполнить евангельские заповеди.

Почему заповеди так важны? Потому что, как говорили сами отцы, в заповедях таинственно скрыт Христос. И когда мы исполняем эти заповеди, действительно находим Христа. Святой Иустин Сербский писал: «Кто хочет исполнять заповеди, тот увидит, от Бога ли они», тот сам поймёт на собственном опыте, что эти заповеди действительно от Бога, что никакая придумка человеческая, потому что они Бога раскрывают. Был такой святой Михаил Новосёлов, он говорил: «Святые отцы – это стержень церкви». Понятно, что первыми святыми отцами были апостолы. Позднее были мужи апостольские, апологеты, и так далее, до наших дней. Святых нужно изучать практически. Симеон Новый Богослов говорит: «Писание и святых отцов следует читать делами». То есть ты прочёл, что кто-то извинился – идёшь, извиняешься. Прочёл, что кто-то простил – идёшь, прощаешь. И так далее, и так далее, и так далее. Практическое учение святых отцов – читать делами, так говорит Симеон Новый Богослов. Иначе, если человек читает, но ничего не выполняет, он будет просто обыкновенным скучным умником, скучным учёным и по слову Максима Исповедника – это будет «вражье богословие», богословие врага рода людского. Ведь враг рода людского знает всё, что написали святые отцы, но ничего никогда не исполняет.

Конечно, подражание святым отцам должно быть разумно. Неофиты, в основном, нацеливаются на внешнюю сторону их подвига. Допустим, считают, что кто-то ел один раз в день, и едят один раз в день. Читают про какой-то суровый пост и тоже постятся. Так я знаю одного замечательного священника, который в четырнадцать лет стал монахом и решил, что отныне будет питаться помидоры. Почему помидоры? Потому что когда он это решил, было лето и помидоров было много. И он в течение нескольких месяцев летних совершенно испортил себе здоровье, заработал язву желудка, с которой живёт до сих пор. Он понял, что пост не главное, но уже было поздно. Подобное подражательство святым без совета с мудрым наставником приводит даже к психической болезни, приводит к большим повреждениям в жизни человека, потому что человек вступает в область духовного мира, а он в этой области не разбирается. Он усваивает внешнюю какую-то сторону жизни святых, а внутреннюю не усваивает. И получается, что он просто разрушает себя тем, что читает.

Еесть ещё способ научный. Если учёный изучает святых отцов, то это понятно. Но я настаиваю, что каждый из нас должен обращаться к научному способу изучения святых отцов. Почему? Потому что это когда-то очень помогло мне в семинарии, где я искал христианство и нашёл его, повторяюсь, в библиотеке. Конечно, мне приходилось слышать мнение, что для того, чтобы изучать святых отцов научно, нужно знать всё богословие вообще, нужно читать на языке оригинала, знать историю народа, откуда взялся тот или иной святой, знать философию народа, знать все ереси, историю рукописей и многое другое. Так обычно, точнее всегда, говорят умники, которые не хотят, чтобы в их зону труда влез кто-то непосвящённый. Это, конечно, же не так. И как всё происходит на самом деле, я процитирую вам несколько предложений из романа «Девушка из лаборатории» известного геохимика Хоуп Джарен. Смотрите, что эта известная леди-учёный пишет: «После первого же вопроса: вы станете учёным, кто-нибудь непременно возразит вам, что для занятия наукой нужно владеть математикой, физикой или химией. Но он будет неправ. Это всё равно, что утверждать, что домохозяйке сначала нужно научиться вязать, а тому, кто штудирует Библию, выучить латынь. Конечно, это тоже очень полезные навыки, но на их освоение у вас ещё будет время. Начинается же всё с вопроса! Вопроса, который вы уже задали!»

Я когда-то задал этот вопрос в семинарии: где есть истинное христианство, если Бог истинен? И нашёл ответ в книгах. Нашёл ответ в книгах святых отцов и богословов. Вы можете задать свои вопросы. И эти вопросы будут разными, в зависимости от того, чего желает ваше сердце. Кому-то интересно узнать, спасутся ли не православные люди, кому-то интересно узнать судьбу некрещёных младенцев, кому-то интересно узнать, как жить с неверующим мужем – тысячи, сотни тысяч, миллионы вопросов! И на эти вопросы люди всегда находят ответы. Потому что Христос не зря сказал, что «Идущего ко мне не изгоню вон» (Ин 6:37). Он не прогоняет тех, кто Его ищет, и помогает человеку найти или человека, или книгу, где тот, кто спросил, найдёт свои ответы, найдёт то, чего он искал, и найдёт в святоотеческой традиции. Ведь мысль святых ценна, потому что их мысль и их жизнь соединилась с Богом, их мысль обожилась, освятилась, стала истиной. Святых волновало как Божью вечность, как Божий смысл, Божью радость привнести в нашу жизнь, во всякое наше дело, в любое дело. Феофан Затворник в XVI и XVII главах своей книги «Что есть духовная жизнь и как на неё настроиться» пишет совершенно серьёзно, как превратить в духовный труд такие заботы как штопанье носков и жарку котлет. Ну что может быть духовного в жарке котлет? Прочитайте XVI и XVII главу святого Феофана из указанной мною книги, и вы увидите, что это может быть! Вот святой поставил перед собой вопрос как сделать жарку котлет и штопанье носков духовным, и ответил на этот вопрос! И скольких людей в истории утешал этот ответ! Вот что такое мысли святых отцов! Святые отцы дают ответы на вопросы. Но не на все. У них нет ответа на самый главный вопрос, как нет этого ответа и в Библии. Вопрос таков: что лично мне, Артёму Перлику делать сегодня, 15 мая 2022 года в 15 часов 18 минут? На этот вопрос ни у кого вообще ответа нет. Ответ есть у Бога, ответ есть в вашей совести, в вашем сердце. Для того, чтобы получить такой ответ, если мы его не знаем, мы должны спросить живого свидетеля истины, который нам скажет. Скажем так, если мысли святых отцов можно уподобить, в том числе, и громадной больнице, в которой много лекарств, то мы должны в этой больнице найти врача по нашему профилю, либо вообще талантливого врача, которого мы спросим, чем же нам, собственно, в этой больнице лечиться, и он нам подскажет.

Следующее, что мы должны с вами рассмотреть – это необходимость изучения христианской и святоотеческой мысли. Почему это существенно? Потому что на Востоке, я имею сейчас Русскую церковь, традиционно знание и образование находится в пренебрежении. Есть такая идея в церкви Русской, что изучать богословие и святоотеческую мысль не нужно, что в образовании в целом как таковом и в образовании богословском есть что-то нехорошее. Конечно же, это идея не святоотеческая. Очень многие святые отцы были прекрасно образованы. Иустин Сербский окончил Оксфорд, Николай Сербский имел три высших образования, Серафим Саровский читал много книг и занимался самообразованием; и его заметки о мировой истории, которые сохранились – это непревзойдённое совершенно чудо, это высочайшие, потрясающие вещи, которые только вообще можно себе представить. Так как Серафим Саровский смотрит на античную историю, на историю древнего мира, на неё больше не смотрит никто! То есть Серафим Саровский прекрасно знал историю нашего мира, а не только богословие. Вообще отцы православного богословия такие, как Великие отцы-каппадокийцы, Максим Исповедник, патриарх Фотий, Иоанн Дамаскин – они были крайне интеллектуальны, они были на уровне высочайшей образованности своих эпох. Они прекрасно знали философию, музыку, они знали даже математику; они знали разные науки. Они разбирались в десятках разных вопросов и отраслей знаний. Не мешало их благочестию тот факт, что они прекрасно разбирались в Платоне, в Аристотеле, в наследии Сократа, Гомера и так далее. Они были очень и очень мудры. И наоборот, противники христианства пытались их выставить какими-то дурачками, которые совершенно ничего не понимают. Но всё-таки осуждение мысли, осуждение ума – это не христианское дело. Ведь сам Христос говорит ученикам, что людей надо сначала научить, а потом уже крестить. Смотрите, что пишет по этому поводу святой Филарет Московский: *«Никому не позволено в христианстве вовсе быть учёным и оставаться невеждой. Сам Господь не нарёк ли себя учителем и своих последователей учениками? Неужели это праздные имена, ничего не значащие? И зачем Господь послал в мир апостолов? Прежде всего учить все народы. Он сказал: «Идите! Научите все народы!»* Если ты не хочешь учиться и вразумлять себя в христианстве, то ты не ученик и не последователь Христа! Не для тебя посланы апостолы! Ты не то, чем были христиане с самого начала христианства. Я не знаю, что ты такое и что с тобой будет».

Поразительные слова! Это говорит очень образованный святой, который в частности, в духовной академии преподавал такой предмет как поэзия. То есть был тогда предмет «Поэзия» и он его преподавал. Вы знаете, что Филарет Московский даже стихи писал, и на должном уровне вступал в стихотворную переписку с А. С. Пушкиным, и Пушкина этой перепиской даже поразил! Поэтому человек, который не хочет глубоко познать христианство, не принимается святыми отцами как норма. Серафим Саровский был крайне образован. Посмотрите, он включил в список молитв, необходимых в течение дня Символ Веры! Он не включил не 90-й псалом защитный, не 50-й псалом, псалом покаяния, а включил Символ Веры, то есть молитва, которая даёт нам знание кто есть Бог. Поэтому святые отцы считали, что нужно соединить веру и знание, и молитву, и мысль. И мысль укоренить в Боге, потому что ум должен быть, с точки зрения святых отцов, не отброшен в сторону, а освящён, обожен. Должен тоже взойти на высоту! И там, на высоте, человек всё увидит по-другому, но тем не менее он увидит это в то числе и умом, потому что наш ум создал Бог, и Бог вовсе не хочет, чтоб мы были какими-то дурачками, которые ни на что не годны и которые ничего не умеют. Смотрите, что пишет об этом Николай Бердяев: «Простая баба, говорят нам, спасается лучше, чем философ. И для спасения её не нужно знания, не нужна культура и прочее. Но позволительно усомниться, что Богу нужны только простые бабы, что этим исчерпывается план Божий о мире, Божья идея о мире. Да и простая баба сейчас – это миф, она стала нигилисткой и атеисткой. Верующим же стал человек культуры. Спасаться могут и невежды, и дураки, и идиоты. Но позволительно усомниться, чтобы в замысел Царствия Божия входило население его исключительно невеждами, дураками и идиотами!».

Какие потрясающие слова! Как мудро, как глубоко говорит здесь Бердяев об очень важных вещах, которые нужно глубоко осознать христианину. И смотрите, что сказано в Новом Завете: «Будьте всегда готовы всякому, требующему у вас отчета в вашем уповании, дать ответ с кротостью и благоговением». (1 Пет 3:15). А как у нас часто бывает? Спроси о чём угодно верующего человека, он ничего не знает, вообще ничего!

Мне вспоминается один священник, который преподавал другим священникам в семинарии историю церкви. Преподаватель был хороший, а ученики, традиционно, глупые. Он однажды рассказал мне следующее: «Вижу, идёт священник по магазину. Ну я подхожу к нему и спрашиваю: батюшка, в каком году состоялся Третий Вселенский собор? И вижу по его глазам, что он меня ненавидит! А за что, спрашивается?»

Для чего мы изучаем христианскую мысль? Для того, чтобы стать настоящими. Стать настоящими – это тоже самое, что спастись. Ведь спасение – это соединение с Богом. Но мы должны понимать, с Кем мы соединяемся, чтобы соединение произошло. Очень важно не выдумывать Бога! Ведь очень многие люди, верующие люди выдумывают себе Бога и выдумывают религиозные переживания. Бывает так, что подойдёт какая-нибудь монахиня на исповедь и полчаса рассказывает священнику о том, какие у неё видения, голоса, слышания. Священника совершенно она заморочит, а исповеди-то никакой и не было; не было ничего духовного, а была только больная фантазия, да может быть и не только фантазия, а что-то нехорошее и злое. Бога выдумывать себе нельзя! Нельзя выдумывать религиозные переживания! Они должны быть объективны. А для того, чтоб они были объективны, мы должны советоваться с тем, кто Бога встретил, кто знает Его на опыте. Потому что, когда человек знает Бога на опыте, он может и другим сказать, что они пережили: Божье или нет. Это крайне важная вещь. Неслучайно ведь такой знаменитый, прекрасный богослов как о. Александр Шмеман писал, что в современности существует не только вера, но и религиозное чувство. И это религиозное чувство ощущает себя как что-то невыразимое, невнятное, такое вот романтическое, неоформленное. Но Шмеман говорит, что это на самом деле не вера. Вера –

это живое движение Бога в человеке, это потрясающее преображение человека. Вера – это крылья души, потому что крылья души даёт всем нам Дух Святой. Понятно, что какие представления у человека о Боге, таким человек будет сам. Если человек представляет Бога как судью с мечом, то такой человек тоже возьмёт меч и будет карать тех, кого считает неверными. Посмотрите, как любят старообрядцы и разные такие ревнители веры на Руси образ пророка Ильи. Какое количество икон ему посвящено, первые храмы на Руси строились в честь пророка Ильи. Почему именно так? Потому что пророк Илья зарезал несколько сотен жрецов Ваала. Хороший это поступок или нет, но этот поступок воспринимается ревнителями веры как модель поведения: вот же пророк Илья зарезал четыреста жрецов, значит и мы будем резать во имя Господне! И, значит, это будет правильно! А ведь на самом деле пророк Илья зарезал четыреста человек, потому что он был ещё не воспитан Богом; потому что в нём была уже ревность по Богу, но она была суровая и страшная, и Бог его воспитывал. Один святой, комментируя жизнь пророка Ильи, приводит пример, где Илья хотел, чтобы начался голод во всём Израиле, чтобы люди одумались и пришли к Богу. И действительно, там были проблемы с неурожаем, с голодом, и Илью всё это радовало. А Бог посылал ворона, чтобы ворон приносил Илье хлеб и мясо, и он Илью кормил. А потом Бог перестал посылать этого ворона. И этот святой пишет, что Бог так сделал потому, чтобы Илья понял, как тяжёл голод, чтобы он посочувствовал несчастным израильтянам, которые хотя и отступили от истинного Бога, но остаются детьми Господними. Пускай они больше этого не понимают, они тоже хотят счастья, а значит, они хотят человеческого к себе отношения. Ведь не найдёшь ни одного атеиста, который бы хотел, чтобы к нему относились к нему по-атеистически. Все атеисты хотят, чтоб к ним относились по-христиански. Так и эти несчастные люди в Израиле. То есть получается, что модель поведения пророка Ильи, когда он зарезал четыреста человек – это весьма ветхозаветная модель, это не преображённый поступок, как его понимает святой из Нового Завета, который комментирует этот эпизод в жизни пророка Ильи. Но ведь для огромного количества старообрядцев и ревнителей веры на Руси этот эпизод с пророком Ильёй является крайне важным. И они действительно считают, что если пророк зарезал тех людей, то и мы всех будем резать, и это-то как раз будет хорошо, это-то как раз будет справедливо, будет по Богу. В чём же здесь причина? А причина в том, что человек не познал Бога, но представил Бога таким, каким он хочет, чтобы человек был, то есть создал Бога по своему образу и подобию. А поскольку человек не преображённый страшен, то он и Бога страшным создал и такого Бога выставил как идеал судьи с мечом, карающий Бог, который всех тоже будет карать.

Что ещё важно сказать по поводу того, зачем мы изучаем христианскую мысль?

Потому что нашу веру нужно объяснить для самих себя. Мы должны глубоко её понять, в том числе и для того, чтобы защитить её, для того, чтобы передать её другому. Допустим, подходят сектанты на улице и спрашивают: «Почему православные поклоняются иконам?» Много ли найдётся православных, которые могут дать им богословский ответ? Очень мало найдётся таких православных! Почему? Потому что православные традиционно не изучают свою веру. И это весьма печально. Ведь любое дело лучше всего постигать и понимать по тем людям, которые наиболее полно его исполнили, в наиболее верном смысле его исполнили. И поэтому в вопросе об образовании и светском, и богословском хорошо тоже обращаться к опыту святых людей, которые сами задавали вопросы о необходимости образования и находили ответы, причастные вечности. Важные, драгоценные ответы. Возьмём, поскольку это поле необъятное, одного из них, Григория Богослова. Этот человек имел открытость ко всему лучшему, что накоплено человечеством вне христианской веры, но по духу, что является христианским и рождено было в других культурах. Григорий Богослов очень резко критиковал тех современников, которые считали, что учёность, наука, образование христианину не нужны. Конечно, он говорил, что образование не является самоцелью, что оно нужно для того, чтобы привести человека к богопознанию, что оно должно послужить возрастанию в вере. Ведь время Григория Богослова было очень похоже и на наши времена: тогда тоже христиане жили бок о бок с язычниками, с людьми, которые мыслят мир в языческих, оккультных категориях. В этом смысле существует современное поклонение деньгам, здоровью, успеху, первому месту – это тоже самое, что древнее поклонение язычников идолу. Поскольку Бог присутствует во всём мире, кроме зла, то любой человек, чем бы он ни занимался, откроет Бога в своём занятии, когда в него углубится. Этому вникновению в мир помогает светское образование, которое представляет собой опыт вникновений тех людей, которые искали до нас. Пусть эти вникновения могут быть частичны, они могут быть не полны, но они прекрасны. И мы, вникая в наследие физиков, химиков, археологов, историков, математиков, на самом деле, глубже постигаем Бога и ещё больше о Нём радуемся, что Он существует, и что Он мудро и красиво всё устроил. Далеко не каждый искавший ответы в светском образовании находил всё, что искал. Но, тем не менее, люди через образование учились мыслить глубоко. Так, одна знакомая девушка, которая называет себя шаманом-атеистом, а вообще была толкинисткой, говорила, что работает врачом и как врач изучает ткани, сосуды и кости. И поэтому она видит, что человек состоит не только из тканей, костей и сосудов. К такому выводу её привело именно светское образование. Что ещё даёт нам образование? У Конфуция есть такие слова: *«Умереть от голода – не большое дело. Утратить мораль – большое»*. Поэтому светское образование важно не тем, что оно может найти нам хорошую работу, дать заработок, а тем, что оно помогает лучше понять смысл бытия. Поэтому Григорий Богослов получил лучшее в своё время светское образование в Афинской академии. Это тоже самое, как если б он сейчас учился в Оксфорде, в Гарварде, где-нибудь в Йелле, то есть самых известных университетах планеты. И по-настоящему духовная жизнь, как говорит старец Илий Ноздрин, *«это сочетание молитвы и образования»*. Конечно, духовная жизнь не зависит напрямую от уровня образованности, это так. Потому что духовная жизнь – это общение с Богом живым. Но без образования человека подстерегает множество опасностей, множество заблуждений, которых он своими силами избегнуть не может. Потому что никакой человек не может в одиночку заменить собой ту громадную работу, научную и богословскую, которую проделали светские учёные и святые отцы – это опыт соборной церкви. Григорий Богослов говорил, что ему интересно всё, даже игра в шашки, потому он берёт эту игру в шашки и приносит в храм красоты Святой Троицы.

Приведём слова Григория Богослова: «Не должно унижать учёность, как рассуждают об этом некоторые. А напротив, надо признавать глупыми и невеждами тех, которые придерживаясь такого мнения, желали бы всех видеть подобными себе, чтобы в общем недостатке скрыть свой собственный недостаток и избежать обличения в невежестве».

Возникает вопрос: как от образа мысли перейти к образу жизни? Это происходит через соединение с Богом, а не только через чтение, или, точнее, не только через чтение. Симеон Новый Богослов говорил: «Тот, кто предпочитает сидеть за чтением, нежели научиться молитве как должно, находится в прелести, таковой бесчувственной». Под прелестью в данном случае имеется в виду неправильное представление о себе и мире. Конечно, святой Симеон не отвергает нужность чтения. И мы говорили о том, как много занимались наукой и самообразованием святые отцы. Но здесь имеется в виду, что наше богословие – это богословие общения. Один католик говорил, что католическое богословие является сидящим, профессорским. То есть человек сидит за письменным столом и что-то там сочиняет. А православное богословие наоборот, коленопреклонённое. То есть это то богословие, которое рождается в акте молитвы.

По этому поводу приведу вам слова святого Силуана Афонского. «Если ты говоришь или пишешь о Боге, то молись и проси у Господа помощи и вразумления. И Господь будет тебе содействовать и вразумлять. И если есть у тебя недоумение, то сделай три поклона и скажи: Господи! Ты видишь милостивый! Душа моя в недоумении, и я боюсь погрешить. Вразуми меня, Господи! И Господь непременно вразумит. Потому что он очень близок к нам. Если же ты усомнишься, то не получишь просимого. Так Господь сказал Петру: «Маловерный, зачем ты усомнился?», когда тот стал утопать в волнах. Так и душа, когда усомнится, то начинает утопать в помышлениях!»

Какое удивительное выражение: душа, когда усомнится, начинает тонуть в помышлениях.

Дело в том, что когда мы читаем книгу святого отца, то этот святой молится о нас. Когда мы читаем житие святого, то он даёт нам частицу своей крепости и помогает нам в нашей жизни. Ведь у нас живое общение с Богом и со святыми людьми. Поэтому очень важно вместе с опытом чтения соединять опыт молитвы. Один церковный писатель как-то явился после смерти своему другу, и тот его спросил: «Как ты себя там чувствуешь?» А он ответил: «Не очень хорошо, потому что я больше читал и писал о Боге, чем молился».

В молитве мы стоим к Нему лицом к лицу. И подлинное познание – это молитвенное познание любви. Как говорил епископ Диоклийский Каллист Уэр: *«Ибо нет иного пути познать Бога, кроме как любить Его»*. Приступая к познанию без любви, мы не находим ту сокровенную суть, которая является центром религии и веры. Если нет трепета, если нет нежности любви, то познание не происходит ни в людских отношениях, ни в отношениях между человеком и Богом. И, конечно, нельзя быть только познающим, а самому не открываться навстречу. В любви должны быть открыты двое. Бог открыт, и мы можем познать из писаний святых отцов и из молитвы, из Евангелия, из личной доброты, из личной жизни – мы можем познать Его любовь. Когда мы читаем святых отцов, допустим, Силуана Афонского, то мы явно ощущаем Духа Святого, действующего в этих строчках. При этом наша мысль должна знать, где её преграды, границы. Нужно уметь ощущать тайну. Это совершенно непротестантский навык. Тот навык, который утрачен в современном мире целыми религиозными конгрегациями, целыми религиозными структурами, такими как протестанты – это отсутствие чувства тайны. Православие всегда имело в себе эту тайну, что мы не всё дерзаем познать и назвать, потому что существуют такие вещи, которые познаются не умом или не только умом. Об этом говорил в своё время ещё Честертон, что умник пытается затянуть небо в свою голову и голова у него лопается. А поэт хвалит небо, восхваляет его и поэтому всё небо вмещается в сердце поэта. Второе, что нужно иметь в виду – это неторопливость. В человеке постепенно происходит процесс духовного роста и перерождения, в том числе и под влиянием чтения писаний святых отцов. Один подвижник сравнивал двух людей, читающего святых отцов и не читающего святых отцов, с двумя стаканами. При этом первый запоминает, что читает, а второй соответственно, не читает вообще. В одном стакане вода наливается и выливается, а в другом воды нет вообще. И понятно, что та чашка, в которую вода наливается и выливается, всё же станет в итоге чистой.

Святые отцы интересны и важны нам не только как свидетели истории своего века, не только как те люди, которые рассказывают нам, как жили христиане в древности. Святые отцы – это не просто свидетели церковной жизни своего времени. Они, отцы – это свидетели Духа Святого, который из Вечности действует во всех эпохах, во всех столетиях. И святые отцы важны нам как причастники, как носители этого духовного опыта, к которому мы стремимся, потому что они его уже нашли. Святые показывают, что Христос оставил людям гораздо гораздо большее, чем книгу. Если спросить протестанта: что нам оставил Бог? то протестант скажет: книгу, Библию. А святые свидетельствуют о ином опыте. Есть такая история из Патерика, когда один святой старец, узнав, что кто-то из его знакомых находится в плену, продал свою Библию, (а книги тогда стоили дорого – это IV-VI век), и на эти деньги старец купил свободу тому человеку, который оказался в рабстве. И возникает вопрос: стал ли человек, продавший Библию ближе или дальше к Богу? И в данном случае мы, конечно, говорим, что он стал ближе к Богу, потому что он помог другому человеку.

Но святых отцов, как и священное Писание, также нужно учиться понимать, уметь понимать. Потому что здесь очень легко, скажем так, впасть в неправильность мысли, хотя этот страх ни в коем случае не должен нас останавливать от изучения святых отцов. Просто нужно помнить, что враг рода людского искушает Христа, цитата из Священного Писания. Это значит, как замечал в своё время А. Кураев, в нашем мире нет такой святыни, которую нельзя использовать в качестве такого вот булыжника для разрушения церкви.

Тем не менее, мы должны изучать святых отцов, мы должны их читать и стараться понять. Просто дело в том, что сама по себе начитанность в Библии и в святых отцах не гарантирует правильного их понимания. Бог познаётся в молитвенном обращении к Нему, в молитвенном к Нему порыве, а не просто когда человек что-то выучил или что-то зазубрил. Нужно понимать, что и еретики тоже охотно пользуются Святым Писанием. Более того, даже атеисты могут пользоваться им для того, чтобы уколоть в чём-то православных. Смотрите, как об этом пишет древний святой Викентий Леринский: «Пользуются, и притом необыкновенно много. Они рыщут по всем книгам. При своих ли, при чужих, они никогда почти не говорят о своём ничего такого, чего не старались бы оттенить вместе с тем и словами Писания. Возьми сочинение Павла Самосатского, Присциллиана, Евномия и прочих заразителей – и ты увидишь в них несметное множество свидетельств, не найдёшь ни одной почти страницы, которая не была бы подкрашена и расцвечена изречениями нового и Ветхого Завета. Они знают, что зловонные извержения их едва ли кому-нибудь могут скоро понравиться, если оставить их испаряться в том виде как они есть. И потому орошают их как бы ароматом слов небесных. Чтобы тот, кто легко презрел бы заблуждение человеческое, нелегко отвернулся от вещаний божественных. Они поступают подобно тем, которые желая смягчить для ребёнка остроту какого-нибудь питья, сначала мажут ему губы мёдом, чтобы неопытное дитя, предощутив сладость, не испугалось горечи».

Такие слова нам приводит Викентий Леринский о еретиках, которые тоже активно и охотно пользуются Писанием, но правильно его понимать не хотят. И с тех пор прошло уже полторы тысячи лет, но всё остаётся также. Святой Илларион Троицкий говорит уже о XIX веке в том же ключе: *«О наших диких инородцах рассказывают, что после удачной охоты они всячески ублаготворяют своих идолов: мажут им губы салом убитого зверя. Но неудачной была охота – того же идола начинают бить. Так обращаются со священным Писанием кто подходит к нему в отрешённости от церкви. Пока Писание им не противоречит, их не обличает – они его превозносят. В противном же случае они начинают своего идола безжалостно бить, разрывают Писание на части. Одни части считают подложными, а другие ненужными».*

Действительно, так поступали все еретики, к примеру, Лютер, который, считая, что какие-то главы, какие-то книги Библии не соответствуют его учению просто заявлял, что такие книги вошли в канон позже, что это ненастоящие библейские книги, хотя библейский канон складывался задолго до Лютера и в нём участвовала вся церковь.

Можно сказать, что творения святых отцов уподоблены в этом случае аптеке. Но, конечно же, далеко не все лекарства, находящиеся в аптеке полезны для того, кто туда пришёл. У кого-то болит нос, у кого-то горло, у кого-то ухо, у кого-то сердце, у кого-то печень, у кого-то почки: как выбрать лекарство правильно, что для этого нужно? Даже если знаешь свою болезнь, даже если ты знаешь, что примерно эти лекарства от неё пьются – но как выбрать правильно? И здесь ответ простой: спросить живого врача, спросить живого носителя предания, спросить живого человека, который наделён Духом Святым, который поможет тебе из всего многообразия святоотеческого материала выбрать то, что тебе лично нужно. Потому что у святых отцов, как и в Писании, существуют видимые расхождения. Эти расхождения, как говорит Софроний Сахаров, снимаются только в Духе Святом. Берём мы, к примеру, книгу «Дидахе». Эта книга написана в 90-м году от Рождества, то есть был ещё жив апостол Иоанн и называется она «Учения двенадцати апостолов». Считается, что эту книгу написали ученики апостольских учеников или ученики апостолов, но вот кто-то из таких людей, к сожалению, имя или имена не сохранились. Тем не менее такая книга есть – «Учения двенадцати апостолов». Там сказано: «Всякому просящему у тебя давай. Блажен дающий по заповеди, ибо он не повинен. Горе тому, кто берёт! Ибо если берёт, имея в том нужду, то он неповинен. А не имеющий нужду даст отчёт зачем и что взял». Но в том же тексте мы читаем и совсем другое: «Пусть запотеет милостыня твоя в руках твоих прежде чем ты узнаешь кому даёшь». Что это значит? Две абсолютно разные заповеди: одна говорит «просящему дай», а вторая – «смотри, кому даёшь». Как можно это совместить вместе? Софроний Сахаров говорит, что только для человека в Духе Святом такие вещи совмещаются в единое целое.

То есть, святые отцы говорили то, что они говорили конкретному человеку, а не в целом человечеству. Это касается не только святых отцов, но и всей Библии в целом. Дело в том, что десять заповедей Библии существуют в таком виде, что они обращены лично к человеку, а не просто к человечеству, не к людям вообще. То есть ты, конкретно ты не убей, конкретно ты не пожелай чужого, конкретно ты почитай родителей. И так далее. Так вся Библия обращена к конкретному, живому человеку. Точно также к конкретному человеку обращено и то, что говорили святые отцы. Я вспоминаю, как мой первый старец, Гавриил Стародуб, говорил нам, что он двум разным людям на один и тот же вопрос даёт два разных ответа, в зависимости от того, какой духовный возраст тех, кто к нему пришёл. Ведь это как лекарство конкретно для того или иного больного. Или операция. Допустим, кто-то узнал, что профессор медицины сделал кому-то операцию на сердце. Человек выздоровел, а тот, другой, говорит: «Я тоже хочу операцию на сердце». А у него на самом деле больной желудок или почки. Как понять, что у тебя болит? Для этого нужен опытный наставник, который сам ведёт святоотеческую жизнь, или опытный человек, которого ты можешь спросить, и он даст тебе совет. Поэтому святые отцы очень часто давали конкретные советы: как строить жизнь, как спасаться. Не вообще всем людям, всему человечеству, а тому, кто к ним пришёл. Чтобы не быть голословными, возьмём любую книгу святых отцов или старцев. Вот пред нами книга старца Иоанна Крестьянкина. Открываем одно из его писем и читаем ответ на вопрос: «Где найти сейчас старца, батюшка подскажите, где искать старца?» И Иоанн Крестьянкин, сам, будучи старцем, отвечает на этот вопрос: «Теперь старцев нет!» Открываем другое письмо отца Иоанна другому человеку. Вопрос тот же самый: «Где найти старца?» Иоанн Крестьянкин предлагает: «Поезжайте к Тавриону Батозскому, поезжайте к такому-то». Это же не просто два разных ответа. Человеку, не готовому к таким вещам покажется, что старец схитрил или соврал. Ну как же это? Одному он говорит, что старцев нет, другому говорит, куда ехать к старцу. Может, соврал? Может, схитрил? Конечно, нет! Ни в коем случае! Просто в первый раз, когда он говорит, что старцев нет, но сам является старцем, он помогает человеку больному «старцеманией». То есть человеку, который экзальтированно ищет чудес, ищет знамений, ищет чудотворцев, то есть, коротко говоря, ищет шамана, способного решить его проблемы. И ему всё равно кем будет этот шаман: старцем, экстрасенсом, кем угодно! Только чтоб проблема решилась! Такому человеку о. Иоанн отвечает, что старцев больше нет. А в другом случае человеку реально нужен духовный совет, и Иоанн Крестьянкин, будучи уже пожилым, направляет его к какому-то другому подвижнику, из-за старости своей, не имея возможности непрерывно давать советы.

К святому Амвросию Оптинскому девушка присылает письмо. Содержание письма такое: когда она ложится спать, её свёкр начинает к ней приставать. Секретарь святого Амвросия Оптинского рассказывал, что он уже собирался взять бумагу и написать ответ в духе: терпи, молись, смиряйся! Но святой Амвросий вместо этого диктует совсем другое письмо, в котором нет ничего от «терпи, молись, смиряйся», а звучат такие слова: «Дорогая! Ты, когда будешь в следующий раз спать ложиться, бери с собой в кровать полено берёзовое, да потолще!» Чтоб этим поленом приставучего человека вот по голове и стукнуть! Совсем другой ответ!

Или ещё два разных случая, в которых Амвросий Оптинский поступает совершенно по-разному. В первом случае подбегает к нему женщина и суматошно кричит: батюшка, когда мне зарплату повысят? А он ей отвечает: «Я дара пророчества не имею, а что мне возвещено о тебе, то скажу: дура ты, прости Господи!». И совсем другой случай. К старцу Амвросию приезжает крестьянка. На приёме стоит одновременно множество людей: какие-то епископы, архимандриты, священники, монахи и простая крестьянка. Старец берёт эту крестьянку к себе. У неё вопрос простой: как ухаживать за индюшками?

Она за ними ухаживает у господ и индюшки дохнут, а она может лишиться места работы. Что делать? Старец целый час рассказывает ей, как ухаживать за индюшками, чтоб они не сдохли. Когда она уходит, все остальные спрашивают: батюшка, вы целый час говорили о какой-то ерунде! А он отвечает, что в этих индюшках её жизнь. Она действительно не найдёт работу вторично, поэтому я должен ей помочь. Два совершенно разных ответа на очень похожий вопрос, но ответы зависят именно от того, какой человек подошёл к святому отцу.

При этом надо учитывать, что у святых отцов случаются и ошибки, хотя и редко. По какой причине эти ошибки случаются? Потому что человек не может за одну секунду переродиться, измениться, преобразиться. И даже когда он всё-таки стал Божьим, всё равно ещё существует время, чтобы благодать усвоилась, чтобы усвоились правильные мысли. Святой Варсонофий Великий говорит, что «ошибки у святых отцов являются, как правило, следствием их прежнего окружения и образования». То есть по Варсонофию, если святой отец был учеником какого-то человека или учеником в какой-то школе, и там он усвоил какие-то суждения, которые были ложными, неверными, но он не знал о том, что они неверны. Он никогда в жизни не подвергал их сомнению и никогда не молился, чтоб Бог ему открыл, правильное это конкретное суждение, или нет. И Бог его не станет тревожить, а человек всю жизнь проживёт с этими неправильными суждениями. Поэтому святой Алексий Зосимовский так никогда в жизни и не узнал о драгоценности и важности мировой литературы. Он считал, что Достоевский и Толстой — это какая-то ерунда, какая-то глупость, что нужно читать только святых отцов. Хотя сами святые отцы читали мировую литературу. Но он этого не знал, потому что пришёл из такого сословия, из такого окружения, где не было никакого почёта к мировой культуре. И вот Варсонофий Великий об этом и говорит, что «святые отцы могли просто не помолиться чтоб узнать о том, правильно ли их суждение или оно ложно». И в таком случае человек не знает, и всю жизнь может с ошибкой прожить, а эту ошибку всем другим транслировать. Почему святой Алексий Зосимовский считал, что в романе «Братья Карамазовы» очень много грязи? Хотя это тот роман, по которому выстраивал святое христианство такой современный отец церкви как Иустин Сербский. По той же причине.

Были взгляды некоторых святых отцов, которые осуждались соборами. Допустим, мысль о всеобщем спасении, которую выдвигал Григорий Нисский. И святой Марк Эфесский говорит об этом так: «*Человеку, хотя бы он достигнул верха святости, невозможно не погрешать. И особенно в таких предметах, о которых прежде не было исследования и не было дано отцами общего соборного решения*».

Понятно, что действительно это очень сложно. И далее святой Марк говорит так: «*Большая разница между сказанным в канонических писаниях и преданий церкви и тем, что было отдельным из учителей частным образом написано или даже учений его, так первому, как преданному Богом, мы должны веровать, а второму мы не должны безусловно веровать или принимать без исследования. Ибо возможно, что кто-нибудь и учителем является. А всё же не всё говорит совершенно правильно. Ибо какая нужда была бы отцам во Вселенских соборах, если бы каждый из них не мог ни в чём отступить от истины. В этом, в известной мере, поскользнулись Дионисий, епископ Александрийский и Григорий Чудотворец. Хотя один из них понёс мученический венец, а другого самоё наименование достаточно для хвалы*».

Поэтому мы не ставим разницу между святостью и непогрешимостью. То есть, мы должны понимать, что у святого отца могут быть какие-то неточности. Как мы узнаём, что они есть? Мы узнаём, когда мы сравниваем тексты, когда мы смотрим, о чём говорило большинство отцов, чему оно учило, на что похоже Евангелие. Святой Филарет Московский спрашивал в одном из писем: *«Так ли верно можно определить минуту, когда церковный писатель сделался святым? И, следовательно, не просто писателем, подверженным обыкновенным недостаткам человеческим».*

Очень важная, прекрасная мысль. Бывает, что святые отцы говорят или пишут, что-то, что является просто их мнением, а не каким-то благодатным переживанием. Даже апостол Павел в одном месте говорит: У меня не было повеления от Бога сказать так. Я говорю так по собственной мысли, но думаю, что и я имею Духа Божия и могу так сказать. Нужно поэтому святых отцов воспринимать тоже в духе, в их соборном согласии.

И здесь я приведу ещё одну цитату, принадлежащую святому Фотию Константинопольскому, цитирую: «Мало ли было затруднительных положений, которые вынуждали многих отцов частью неточно выражаться, частью говорить по применению к обстоятельствам, при нападении врагов, а иное и по человеческому неведению, которому подпадали и они. Если же иные говорили неточно или по неизвестной нам причине уклонились даже от пути, но исследований не было, и никто не вызывал их к дознанию истины. Мы оставляем их в числе святых отцов точно также, как бы и не говорили они того, оставляем частью за знаменитости к жизни и славу добродетелей, частью за непорочность веры их, прочих отношениях. Но не следуем тем словам их где погрешили они».

Это говорит святой Фотий Константинопольский. Как же понять, где отцы были неправы? Это мы понимаем, когда берём всё Предание целиком. Предание целиком человек может охватить, находясь в Духе Святом либо, когда он очень подробно и в Духе всё это изучает. И когда мы видим, что у святых отцов не просто одной эпохи, одного какого-то времени, одного направления, одной страны есть общее суждение. Когда это общее суждение высказывается или подспудно имеется в виду везде: от Евангелия до двадцать первого века, до современности. Тогда мы понимаем, что это и есть тот голос церкви и то самое согласие отцов – «Consensus patrum», которое и означает, что эта мысль от Бога, что она является истиной, даже если она никогда не была сформулирована Вселенским собором. И тогда мы удивлённо повторяем вслед за Игнатием Брянчаниновым следующие слова: «Когда в осеннюю ясную ночь гляжу на чистое небо, усеянное бесчисленными звёздами столь различных размеров и спускающими единый свет, тогда говорю себе: таковы писания отцов. Когда в летний день гляжу на обширное море, покрытое множеством различных судов с их распущенными парусами, подобно белым лебединым крыльям; судов, бегущих под одним ветром, к одной цели, к одной пристани, тогда говорю себе: таковы писания отцов. Когда слышу стройный многочисленный хор, в котором разные голоса в изящной гармонии поют единственную песнь Божественную, тогда говорю себе: таковы писания отцов!»

С течением лет мир людей всё дальше отходит от мудрости, и святые отцы на этом фоне – как башни, которые несут не только истину, но и такую редкую в современности нормальность суждений, взглядов, мер и весов.

Святые – это, прежде всего – ученики. Наш мир более всего страдает от того, что люди считают себя слишком умными для того, чтоб у кого-то ещё учиться. И лишь святые считали себя достаточно глупыми для ученичества, и в результате они сами становились мудрецами, потому что христианское свойство рассудительности, которое древние подвижники именовали самым высоким свойством, есть не что иное, как мудрость.

Святые – это «сократы» своих эпох, «сократы» современности, потому что они захотели быть скорее несчастным Сократом, чем счастливой свиньёй.

Они стали учениками, чтобы научиться Богу, стали учениками Христа прежде всего, но затем и всякого человека, который мог их чему-нибудь светлому научить. Потому что они имели уважение к любой личности, а тем более к тем, перед кем возможно преклонить колена как перед высотой.

То согласие святых, которое нас восхищает или удивляет, происходит от единства опыта постигаемой ими реальности. Тут нужно привести два примера: прямой и противоположный.

Юлия Толстых пишет: *«Очень любила геометрию в школе. Как-то даже сумела доказать теорему, хотя не учила»*.

Что стоит за этими будто бы простыми словами? За ними стоит реальность науки, не зависящая от субъективности. То есть всякий, кто идёт по пути геометрии – докажет теоремы и сам, как их когда-то доказывали Евклид, Декарт и Паскаль.

То же самое можно сказать и о мире духовном – и не случайно Христос прямо говорит об этом, что *«кто хочет творить волю Его, тот узнает о сем учении, от Бога ли оно, или Я Сам от Себя говорю»* (Ин 7:17).

То есть каждый, будь он хоть буддист, хоть атеист, хоть агностик, если пойдёт по пути заповедей Христовых, то сам на опыте узнает, от Бога ли они; подобно как Юлия Толстых доказала в школе геометрическую теорему…

Второй пример. Иногда классиков можно немного перефразировать, чтобы получилось вот так: *«Если бы геометрия так же противоречила нашим страстям и нашим интересам, как христианство, то мы бы так же спорили против неё и нарушали её вопреки всем доказательствам Евклида и Архимеда, которые мы называли бы тогда бреднями и считали бы полными ошибок", - **Готфрид Вильгельм Лейбниц «Новые опыты о человеческом разумении».***

И здесь мы имеем дело с тем, что Аверинцев называл феноменом антипророчества: что ругают скверные и банальные люди, на что ярятся умники и формалисты – то и хорошо.

Согласие отцов во всём поразительно, ведь они – причастники одного опыта богообщения. Святой Игнатий Брянчанинов, когда открыл это, сказал, что их согласие похоже на согласие птиц в стае и облаков на небе.

Но путь к святости долог и труден, на этом пути случаются падения и ошибки. Все святые боролись со всеми грехами и ошибались, в том числе и в писаниях. Это явление нечастое, но существующее. Как же обнаружить ошибку? Нужно следовать согласию отцов.

Святой Викентий Леринский: «Но должно сносить суждения только тех отцов, которые живя, уча и пребывая в вере и кафолическом общении свято, мудро, постоянно, сподобились или с верой почить о Христе, или блаженно умереть за Христа. А верить им нужно по такому правилу: Что только или все они или большинство их единомысленно принимали, содержали, передавали открыто, часто, непоколебимо, - как будто по какому предварительному согласию между собою учителей, то считать несомненным, верным и непререкаемым. А о чём мыслил кто – святой он или учёный, исповедник или мученик, не согласно со всеми, или даже вопреки всем, - то относить к мнениям личным, сокровенным, частным, отличным от авторитета общего открытого и всенародного верования. Дабы оставив древнюю истину вселенского догмата по нечестивому обычаю еретиков и раскольников с величайшей опасностью относительно вечного спасения не последовать нам новому заблуждению одного человека».

Это учение святой Викентий не выдумал, а оформил.

Согласие отцов означает не только то, что в древних текстах мы можем найти подтверждение неким новым мыслям современного подвижника. Этого может и не быть, потому, что и Дух и обстоятельства побуждают говорить и творить новое и о новом.

Согласие отцов совершается в единстве Святого Духа нового подвижника и прежних отцов. Именно это единство духа и есть решающий критерий в Consensus patrum.

И в идеале, а это достижимо, единства духа в святом отце и читателе его трудов или слушателе, если речь идёт о личной встрече.

Как мы определим правильность некой новой мысли и жизни высказанной и прожитой неким новым автором и подвижником? По вкусу благодати, одинаково воспринимаемой в церкви не только святыми отцами, но и верными людьми народа Божьего. Сам Дух Святой, в какую-то меру, пребывающий в каждом христианине, живущем правильной духовной жизнью, позволяет ему быть продолжателем согласия отцов и даже самому постигать напоена ли тем же духом мысль некого автора или подвижника.

«Впрочем, помазание, которое вы получили от Него, в вас пребывает, и вы не имеете нужды, чтобы кто учил вас; но как самое сие помазание учит вас всему, и оно истинно и неложно, то, чему оно научило вас, в том пребывайте».
(1 Ин 2:27)

Иоанн Меендорф: «Нет никакого развития в содержании веры – то есть Личности Христовой, всегда равной Самой Себе, а развитие если и происходит, то лишь в формулировании этого содержания и его соотнесении с меняющимся миром».

Например, если святой Григорий Нисский учит, что вечные муки будут иметь конец и спасутся все, а другие отцы так не учат – значит, он неправ, какие бы благие цели он ни преследовал говоря так, как он сказал.

В православии есть вершины, но путь к этим вершинам постепенный. И никто не взошёл к святости перепрыгивая через несколько ступеней. А если сразу взяться за непосильные вершины – надорвёшься и упадёшь. Например, старцу Иоанну Крестьянкину было неинтересно слушать музыку. Но это не потому, что хорошая музыка вредна, а потому что он всецело отдал себя музыке молитвы, он обычную музыку не то чтобы перерос, но всё, что мог получить от музыки, он получал в молитве.

Когда ему один новоначальный православный написал, что выкинул из дома все аудиозаписи со светской музыкой, старец его не одобрил, а сказал, что было бы лучше, если бы этот человек питал свою душу тем малым добром, которое в этой музыке есть, а теперь, когда он всё выкинул, его может побороть тщеславие будто он сделал что-то великое.

Когда епископа Митрофана Никитина спросили с чего надо начинать духовную жизнь, он ответил: *«С первой заповеди – возлюби Господа твоего всем помышлением твоим»*

Важно так же смотреть по какому случаю святой человек писал что-то или говорил кому-то. От этого зависит текст. Старец Гавриил Стародуб говорил: *«Я на один и тот же вопрос могу сказать двум людям совершенно противоположные вещи»*. Ответ зависит от того, в каком духовном устроении находится спрашивающий. Или ещё бывает так, что святой пишет что-то, только восходя к святости, поэтому в чём-то ошибается.

Святые отцы касаются разных тем по мере того, как эти темы приходят в бытие.

Так, мы не найдём у Василия Великого мыслей о компьютерах и телевидении, а у Паисия и Порфирия Афонских найдём, потому что эти святые ответили в Духе Святом на те темы времени, которые пришли в бытие. И ответили универсально, ответили так, что их ответ приложим теперь к интернету, который стал развиваться уже после смерти обоих этих отцов.

Точно так ни у кого из современников мы не найдём ответа на вопрос об этике отношения к мутантам, рождающимся в марсианских колониях Земли, или о том, что делать человеку, влюбившемуся в робота или в голосового помощника. Просто потому, что этого вопроса ещё нет в бытии, и мы надеемся, что и в каком-нибудь XXIII веке, когда такой вопрос встанет, найдутся и подвижники, которые дадут исчерпывающие ответы на эти важные в будущем человечества вопросы.

Причастны согласию отцов все, кто причастен духу отцов в большей или меньшей мере. «Предание, – как пишет Иустин Сербский, – продолжает себя в каждом христианине, живущем по Богу».

Святой Иоанн Затворник Святогорский прочитал «Плач инока» святого Игнатия Брянчанинова и сказал, что и сам ощущает так же, но не может выразить это такими словами. Человек, читая, может узнать в тексте тот же дух, что и в нём, а может и не узнать, если тот отсутствует. Поэтому для усвоения отцов необходима правильная духовная жизнь.

Важно и то, что многие советы отцы давали применительно к конкретному человеку или роду занятия. Но это не значит, будто всё, что сказано одному человеку, можно применить к другому.

Есть так же разные ответы на один вопрос людям одного состояния и положения. Например, святой Исаак Сирин советует не читать ничего кроме аскетики, пока не освятится человек. А святой Григорий Богослов читает разное и много. Ответ мы находим у святого Иоанна Златоуста, который говорит о множестве путей к Богу.

Есть история записанная в древнем патерике.

Брат спросил старца:

– Какое бы мне делать доброе дело и жить с ним?

Старец отвечал:

– Бог знает, что – добро. Я слышал, что некто из старцев спрашивал авву Нестероя: «Какое бы доброе дело сделать мне?» Авва отвечал ему: «Не все ли дела равны?» Писание говорит: «Авраам был страннолюбив, – и Бог был с ним; Илия любил безмолвие, – и Бог был с ним; Давид был кроток, и Бог был с ним». Итак, смотри, чего желает по Богу душа твоя, то делай и блюди сердце Твоё.

Святой Симеон Новый Богослов даёт как бы разъяснение к этой истории:

«Многие сочли блаженной отшельническую жизнь, другие – смешанную, то есть общежительную, иные же предпочли предстоятельствовать над народом, быть наставниками, заниматься преподаванием и строить церкви... Я же ни одно из этих дел не предпочел бы другому и не сказал бы, что одно заслуживает похвалы, а другое порицания. Но во всем и во всех делах и действиях всеблаженна жизнь для Бога и по Богу».

Есть в Лавсаике рассказ о двух братьях, которые, после смерти родителей, получили большое наследство. Первый брат раздал свою долю нищим, а сам стал отшельником-исихастом. Второй устроил странноприимницу и больницу и стал служить несчастным. Когда они оба умерли, монахи заспорили, кто из них больше угодил Богу. Не могли решить и обратились к авве Памво. Авва Памво сказал, что оба равно угодили. Но монахи не поверили и продолжили спорить. Тогда авва Памво помолился и монахам было видение, что оба брата стоят перед Троицей в равной славе.

Сам Святой Дух, Которому причастен человек церкви, позволяет ему сказать о Боге и мире правильно. Церковь и её люди узнают своё по ощущению в слове и деле того Духа, Которому причастна церковь.

Есть мнение, что святой Ириней Лионский это основоположник христианской догматики. Отсюда возникает вопрос: была ли известна догматика до святого Иринея? Она была в виде знания и опыта, но часто словесно невыраженного, так как в основе этого знания было знание Бога.

Один человек в начале XXI века спросил у Неба: «Что знали святые?». И Бог ему ответил: «Они знали Бога». Именно это знание и было основным. Когда нужно, его всегда можно было облечь в слова. Как, допустим, любовь первична по отношению к стиху о любви. И если есть любовь, её можно облечь в слова.

Этим облеканием в слова христианам приходилось заниматься, в том числе, в связи с деятельностью еретиков, которые говорили, что Бог христиан не таков, каким знают его христиане.

Формулируя догматическое учение, христиане защищали тот опыт, который им всем был равно известен. Это был опыт богообщения.

Чтение святых отцов, по слову Исаака Сирина, изгоняет уныние и мрак из души и является одним из способов, которым можно выйти из чувства богооставленности в чувство присутствия Бога. Почему? Святой Феофан Затворник пишет, что мы усваиваем дух автора, произведение которого читаем с полным вниманием. Некая девушка, по свидетельству митрополита Вениамина Федченкова, прочла одну из еретических книг Л. Н. Толстого и почувствовала, что веры больше нет. То же бывает, когда люди читают протестантскую библейскую критику – вера уходит. Дух отцов – Дух Святой и Он даёт веру, как живую уверенность в Боге.

Когда мы читаем святых отцов, они из рая следят за состоянием нашей души и ходом наших мыслей. Они в этот момент молятся о нас.

Святой Феофан Затворник пишет, что мы усваиваем дух того автора, произведение которого читаем с полным вниманием. Читая отцов, мы приобщаемся духу отцов, при условии, что стремимся подражать их жизни.

Главным в этом подражании является деятельное добро и милосердие.

Как богослужение помогает человеку войти в дух святых отцов и жить этим духом, так этому помогает и изучение святоотеческой мысли. Православие победно, светло, не боится мира, но ищет в нём Божий свет и преображает мир. Православие – есть религия милости и великого света. Но не всякий православный это знает и чувствует. Православие можно представлять не в духе отцов, а по-своему, в виде секты, будто со всех сторон враги; представлять с недоверием к миру, творению и человеку. Всё это может быть исцелено приобщением к мысли святых.

Православные святые видели мир пасхально, как пронизанный Богом и исцеляемый Богом. Не враг, но Бог действует в этом мире. Страдание ведёт к Встрече. Покаяние содержит в себе радость. Чтобы так чувствовать мир надо приобщиться духу святых и их образу мысли. Именно в этом приобщении основная задача людей, изучающих патрологию.

Блаженный Августин: «Где же Он? Где вкушают истину? Он в самой глубине сердца, только сердце отошло от Него. "Вернитесь, отступники, к сердцу" и прильните к Тому, Кто создал вас. Стойте с Ним - и устоите; успокойтесь в Нем и покойны будете. Куда, в какие трущобы вы идете? Куда вы идете? То хорошее, что вы любите, от Него, и поскольку оно с Ним, оно хорошо и сладостно, но оно станет горьким - и справедливо, - потому что несправедливо любить хорошее и покинуть Того, Кто дал это хорошее. Зачем вам опять и опять ходить по трудным и страдным дорогам? Нет покоя там, где вы ищете его. Ищите, что вы ищете, но это не там, где вы ищете. Счастливой жизни ищете вы в стране смерти: ее там нет. Как может быть счастливая жизнь там, где нет самой жизни?

Во всяком недоумении, во всякой тревоге, печали, сомнении обратитесь к Богу, и Он всему даст неожиданный оборот, всё приведёт в согласие и всему даст ощущение истины.

Многие люди в истории ощущали внутри экзистенциальную пустоту, и не могли её заполнить ничем, пока не начинали молиться. Потому что молитвой Вечность Бога нисходила в их земные жизни, и они чувствовали, что смысл жизни на самом предельном уровне вернулся к ним.

Как-то я консультировал одну девушку, которая только родила ребёнка и не могла участвовать в храмовом богослужении, что приводило её к ослаблению духовной жизни и чувству, что дни проходят напрасно. Убеждение самой себя в важности труда материнства не давали сущностной перемены, внутреннее чувство пустоты оставалось, и она мучилась.

Тогда я посоветовал ей прибегнуть к практике Иисусовой молитвы, заполнять все паузы и время обращением к Богу, разговором с Ним, и она буквально через два дня с удивлением отметила, что внутренний смысл, ощущение важности её жизни стало вновь возвращаться к ней. И тотчас после этого её муж устроил ссору, но всё разрешилось благополучно.

У этой девушки было светлое сердце, и она не побоялась семейных ссор ради того, чтобы быть близкой Богу. И она была вознаграждена за свою отвагу.

Для нас же это важный знак – Бог яснее и явственнее тем больше, чем больше человек на Него похож.

Именно поэтому блаженный Феофилакт Болгарский говорит, что *«вера, живущая в христианине – есть Христос»*.

То есть – насколько Бог в нас, настолько мы в Него и веруем.

Здесь уместно привести слова Антония Сурожского, которые он адресует британской писательнице-атеистке Марганите Ласки:

«Слово «вера» создаёт ложное впечатление чего-то произвольного, что мы вольны выбирать или нет. У меня очень прочно чувство, что я верю, потому что знаю, что Бог существует, и для меня загадка, как вы ухитряетесь этого не знать».

Святые отцы – свидетели реальности Бога, реальности с Ним общения, реальности той перемены, которая совершается с людьми и миром вообще после такого общения.

Поэтому нам важна не только мысль, но равно и жизнь святых отцов, в которой потрясающе много вдохновения и поддержки для нашей жизни, для укрепления нашей уверенности, что мы пришли в этот мир для радости.

Блаженный Августин: «Жизнь, которой мы живем здесь, имеет свое очарование: в ней есть некое свое благолепие, соответствующее всей земной красоте. Сладостна людская дружба, связывающая милыми узами многих в одно. Ради всего этого человек и позволяет себе грешить и в неумеренной склонности к таким, низшим, благам покидает Лучшее и Наивысшее, Тебя, Господи Боже наш, правду Твою и закон Твой. В этих низших радостях есть своя услада, но не такая, как в Боге моем. Который создал всё, ибо в Нём наслаждается праведник, и Сам Он наслаждение для праведных сердцем».

ВСТРЕЧА ЧЕЛОВЕКА С БОГОМ

Много лет назад, когда я только пришел в церковь, в моей жизни был такой случай. Мы с моим товарищем отправились в студенческое общежитие к нашей знакомой студентке, которая только приближалась к обретению веры. У нас завязался разговор о религии и подруга спросила: «Зачем вы ходите в храм?». В этом её вопросе не содержалось ни колкости, ни насмешки, но она и вправду хотела понять. Тогда товарищ ответил ей: «Не надо нас считать такими глупыми – если бы мы ничего в храме не чувствовали, мы бы туда и не ходили». Эти слова очень удивили меня, потому, что на тот момент я не чувствовал в храме ровным счётом ничего. И, только спустя время Бог вошел в мою жизнь как несомненная реальность, и вместе с этим пришло то, что на Афоне называют «чувством Бога». Но и здесь всегда существует своя постепенность восприятия.

Если человек никогда не испытывал чувства, что Бог есть, то разобраться логически – есть Он или нет, очень сложно. Причём, если этого чувства не было, то сердце больше становится сторонником того, что Бога нет. Нет, потому что я Его не чувствую. А то, что другие чувствуют – это их больная фантазия. Так человек приобщается атеизму. Однако у атеизма нет ответа на вопрос: «Что мне нужно делать, чтобы убедиться, что Бога нет?». Единственным ответом могло бы быть – нужно пройти путём религии и на опыте узнать – есть ли Бог.

«Блаженны чистые сердцем ибо они Бога узрят» (Мф 5:8). Это путь опыта.

Детям не надо рассказывать, что Бог есть – они Его ощущают, потому что их сердца ещё не закрыты грехом от этого ощущения.

В пять лет я был коммунистом, было это в 1986 году. Прабабушка рассказала мне, что есть Бог и показала иконы. Я же, поскольку был коммунистом, очень разозлился, пошел в свою комнату, стал на четвереньки и начал бегать по кругу и кричать: «Бога нет!». Но при этом было чувство, что надо бегать быстрее, потому что как бы Бог в меня молнией не запустил…

Одна моя подруга, советская девочка по имени Ольга в детском саду игралась с другими детьми. Они обсуждали – какие у Бога, глаза, уши, руки. Глупо шутили по этому поводу. Но при этом было чувство страха, которое рождается, когда делаешь что-то очень нехорошее. Хотя все дети были невоцерковлёнными и дома никому из них о Боге не говорили.

И действительно – то, что Бог есть, можно понять даже вглядываясь в мир. Ясно, что такая красота не могла возникнуть сама по себе. Но есть вопрос: какое отношение имеет Бог к моей личной жизни? Как говорил Клайв Льюис: *«Какое отношение то, что Он умер и воскрес, имеет лично ко мне?»*.

Но Душа человека тоскует. Даже когда у него есть всё, и тогда тоскует, потому что душа человека очень велика и её невозможно насытить ни деньгами, ни вещами, ни удовольствиями.

Святой Феофан Затворник: *«Ничто тварное удовлетворить нашего духа не может. От Бога исшедши, Бога он ищет, Его вкусить желает, и, в живом с Ним пребывая союзе и сочетании, в Нём успокаивается. Когда достигнет сего, покоен бывает, а пока не достигнет, покоя иметь не может».*

Душа тоскует о том, что можно назвать настоящестью. О настоящей любви. Сама история показывает, что без Бога это желание удовлетворить невозможно. Хотя далеко не все люди чувствуют Бога, или, точнее, не задумывается о своих чувствах в этом отношении, но те из них, кто Его ощутили, говорят удивлённо: «Неужели тот свет, который меня согревал всю жизнь, есть лишь отблеск великого света!».

Послушайте рассказ о маленьком Семёне, который жил в начале 20 века в деревне в России:

Старец Софроний Сахаров: «Старца наиболее ясно мы удержали в памяти несколько фактов, являющихся показательными для его внутренней жизни и в то же время его «историей». Первый из них по времени относится к его раннему детству, когда ему было не более 4-х лет. Отец его, подобно многим русским крестьянам, любил оказывать гостеприимство странникам. Однажды, в праздничный день, с особенным удовольствием он пригласил к себе некоего книгоношу, надеясь от него, как человека «книжного», узнать что-либо новое и интересное, ибо томился он своей «темнотой» и жадно тянулся к знанию и просвещению. В доме гостю был предложен чай и еда. Маленький Семен с любопытством ребенка смотрел на него и внимательно прислушивался к беседе. Книгоноша доказывал отцу, что Христос не Бог, и что вообще Бога нет. Мальчика Семена особенно поразили слова: «Где Он, Бог-то?»; и он подумал: «Когда вырасту большой, то по всей земле пойду искать Бога». Когда гость ушел, маленький Семен рассказал отцу: «Ты меня учишь молиться, а он говорит, что Бога нет». На это отец ответил: «Я думал, что он умный человек, а он оказался дурак. Не слушай его». Но ответ отца не изгладил из души мальчика сомнения.

Много лет прошло с тех пор. Семен вырос, стал большим здоровым парнем и работал неподалеку от их села, в имении князя Трубецкого, где старший брат его взял подряд на постройку. Работали они артелью; Семен – в качестве столяра. У артельщиков была кухарка, деревенская баба. Однажды она ходила на богомолье и посетила, между прочим, могилу замечательного подвижника – затворника Иоанна Сезеновского (1791–1839). По возвращении она рассказывала о святой жизни затворника и о том, что на его могиле бывают чудеса. Некоторые из присутствовавших стариков подтвердили рассказы о чудесах, и все говорили, что Иоанн был святой человек. Слыша эту беседу, Семен подумал: «Если он святой, то значит Бог с нами, и незачем мне ходить по всей земле – искать Его», и при этой мысли юное сердце загорелось любовью к Богу».

Когда Семён вырос, он стал святым Силуаном Афонским. Уже в монастыре был у него такой случай.

Старец Софроний Сахаров: «ЖИЛ НА ЗЕМЛЕ человек, муж гигантской силы духа, имя его Симеон. Он долго молился с неудержимым плачем: «помилуй меня»; но не слушал его Бог. (точнее у него не было чувства, что Бог его слышит – А. П.)

Прошло много месяцев такой молитвы, и силы души его истощились; он дошел до отчаяния и воскликнул: «Ты неумолим!» И когда с этими словами в его изнемогшей от отчаяния душе еще что-то надорвалось, он вдруг на мгновение увидел живого Христа: огонь исполнил сердце его и все тело с такой силой, что если бы видение продлилось еще мгновение, он умер бы. После он уже никогда не мог забыть невыразимо кроткий, беспредельно любящий, радостный, непостижимого мира исполненный взгляд Христа, и последующие долгие годы своей жизни неустанно свидетельствовал, что Бог есть любовь, любовь безмерная, непостижимая».

Потом святой Силуан понял, что самое важное – это личная встреча с Богом. Такая встреча должна произойти в жизни каждого человека и Сам Господь этого хочет.

Святой Николай Сербский: «Еще рассказывал нам Силуан Афонский об одном молодом человеке, школьнике, который пришел на Святую Гору "искать Бога". Он не сказал игумену, что не верит в Бога, а только о своем желании остаться на несколько месяцев в монастыре ради отдыха и духовной пользы. Игумен передал его одному духовнику для попечения. Юноша сразу сказал священнику на исповеди, что он не верит в Бога и пришел на Святую Гору в поисках Бога. Духовник рассердился и начал кричать на молодого человека, как страшно не верить в Бога Творца и что безбожникам не место в монастыре. Юноша приготовился покинуть монастырь. Но тут его встретил отец Силуан и стал с ним разговаривать. Молодой человек поведал ему о своих муках и о том, что привело его на Святую Гору. Отец Силуан очень доброжелательно ответил ему: "Это не страшно. Так обычно бывает с молодыми людьми. Это и со мной было. В юности я колебался, сомневался, но любовь Божия просветила мой ум и умягчила сердце. Бог тебя знает, видит и безмерно любит. Со временем ты это почувствуешь. Так и со мной было". После этого разговора начала крепнуть у юноши вера в Бога, и он остался в монастыре».

Бог открывается всякому ищущему, а не только святым и праведникам. Иногда открывается неожиданно, тем, кто его не искал, а иногда открывается в ответ на первую, ещё не вполне осознанную молитву. Всё это очень индивидуально, всё оказывается так, как лучше всего для этого конкретного человека. Но Он не скрывается от нас, просто голос мира сего заглушает в наших сердцах Его голос, и потому голос мира нужно сделать в себе тише, чтоб услышать в сердце голос Господень. И мы можем быть уверены, что его услышим. Особенно, если с молитвой обратимся к Нему, даже если это будет молитва: «Если Ты есть – откройся мне».

Ирина Ратушинская: *«Мы сидим, и завуч школы говорит, что Бога нет и только глупые старые бабки верят в Бога. Тут выходят какие-то комсомольцы и поют бодрые частушки и издевки насчет старых бабок.*

А я к старикам очень хорошо относилась, у нас бабки и дедки – это поколение воевавших. Да как они смеют вообще!..

Потом опять выступает завуч, за ним – наша учительница. И все они говорят про Бога с какой-то злобой!.. Я думаю: ну хорошо, русалок нет – нам что, после уроков примутся внушать, что русалок нет, и Деда Мороза, и домовых тоже?! Что-то тут не так... Против Бога они явно что-то имеют!

Кроме того, если пионервожатая, учителя, завуч – все они – на Него Одного, то по логике хорошего, правильного одесского двора я – на Его стороне! Потому что все на одного – нечестно! И вообще – домой хочется, чего они к нам прицепились!

И я подумала тогда (это была даже не молитва, но я думала «адресно», Богу): «Бог, а похоже, что Ты-таки есть, если на Тебя так наваливаются! Но если Ты есть, Ты ведь понимаешь, что нас тут из-за Тебя мучают. Ну, выручай, делай что-то, если Ты есть!»

И грянул (именно грянул) снег, практически сразу. В Одессе снег – в принципе редкое дело, а тут он пошел стеной! Такой, что стало темно.

Директор школы выглянул на улицу. А у нас была английская школа, поэтому дети ездили с разных концов города. И нас отпустили по домам. И правильно сделали, потому что через полчаса по городу уже было не проехать. И школы больше не работали... А там начались и зимние каникулы».

Этот опыт Истинного Бога – достояние не одних только православных. В любой конфессии, даже среди язычников, есть те, кто ощутили Бога, и кто Его не знает. Ощущение Бога ошеломляет человека, и когда оно приходит, его ни с чем невозможно спутать.

Приведу об этом несколько историй.

Гаврюшин Н: *"Свой первый самостоятельный религиозный опыт Шмеман связывает с посещением католической мессы в Париже, когда он почувствовал себя как бы взятым на мгновение в другой мир".*

Иларион Алфеев о том, как яхтсмен пришел к вере:
Менее внезапным, но не менее неожиданным было обращение к религии французского яхтсмена Бернара Муатесье. Будучи участником кругосветных одиночных гонок, победителя которых ждала огромная денежная премия и всемирная слава, он уверенно двигался к финишу и имел все шансы рассчитывать на победу – ему уже готовили торжественную встречу в Англии. Неожиданно для всех он изменил маршрут и направил яхту к берегам Полинезии... Только через несколько месяцев удалось узнать, почему он выбыл из игры. Находясь долгое время наедине с океаном и небом, он все глубже задумывался о смысле жизни, и все менее привлекательной казалась ему та цель, которой предстояло достичь – деньги, успех, слава. В океане он ощутил дыхание вечности, почувствовал присутствие Бога и уже не хотел возвращаться к обычной мирской суете.

Бог познаётся опытно делами и молитвой. Познаётся через страдание. Познаётся через молчаливое вслушивание в бытие. Познаётся через таинства церкви. Познаётся путём деятельной помощи другому, через добрые дела.

В Париже один человек хотел спрыгнуть с моста и его увидел православный священник. Он сказал самоубийце: «Вам ведь теперь деньги не будут нужны – пойдите, раздайте ваши деньги нищим, а потом возвращайтесь и спрыгните с моста». Молодой человек согласился и раздал деньги. Когда он это сделал, то снова ощутил желание жить и внутри себя увидел неожиданно обретённый смысл жизни.

Святой Максим Исповедник говорит, что Бог таинственно скрыт в своих заповедях и исполняющий их, находит Его.

Разговор святого Варсонофия Оптинского с Разгильдеевым: «Наука эта великая, наука о спасении души и достижении Царства Небесного. Вот за это вам надо взяться.

– Да, положим, это верно, только как? Постов, например, соблюдать я не могу.

– А вы пробовали?

– Положим, что нет. Вы скажете: ходите в церковь, а, откровенно говоря, она меня нисколько не удовлетворяет. Я, правда, люблю вашу службу, вы служите без вычурностей, просто, но впечатления это на меня не производит.

– Но вы верите в Бога?

– Да или хотел бы, по крайней мере, веровать. Догматы Церкви я признаю все целиком, но как обрести действительную веру?

– Такую веру можно обрести только исполняя все заповеди Христовы. В Евангелии от Иоанна Господь говорит: "Испытайте Мое учение и увидите". Вот что нужно посоветовать каждому неверующему. Испытайте и увидите. Бог ли Христос или великий пророк, философ».

Открывается Бог и в молитве. Более того, почти все откровения о Боге люди постигают в состоянии молитвы, пусть даже молитвы не вполне осознанной, первой, неумелой, не ясно кому именно адресованной. Ведь Бог в таких случаях знает – к Кому именно мы обращаемся в такие минуты.

Румынский богослов и подвижник **Думитру Станилоаэ** пишет: «*Я искал Бога в жителях моей деревни, потом в книгах, в идеях и символах. Но это не давало мне ни мира, ни любви.*

Однажды из сочинений отцов Церкви я узнал, что истинного Бога можно встретить в молитве. Тогда я терпеливо принялся за работу. Так я постепенно понял, что Бог близко, что Он меня любит и что, позволяя себе наполняться Его любовью, я открываю сердце другим».

По этому поводу вот какую историю рассказала Лена Редкокаша, которая вела в пятом классе уроки христианской этики. На уроке одна девочка сказала ей: «Я раньше не верила, а теперь сильно верю в Бога». Лена спросила её почему, и девочка рассказала, что однажды, родители ушли куда-то в гости, оставив её одну. Она боялась, а тут в доме неожиданно погас свет. Девочка ещё больше испугалась и сказала так: «Господи, если Ты есть, пусть свет зажжётся».

И свет тотчас зажёгся.

У одних людей встреча с Богом проходит ярко, у других тихо и почти незаметно. И мы никогда точно не знаем, как это произойдёт у нас. А бывает, что яркие моменты ощущения Бога сменяются тихим ощущением Его присутствия, потом сомнениями, неуверенностью, и снова ощущением Его реальности, которая убедительнее всех доказательств, потому что содержит в себе такой опыт, который напрямую убеждает открывшегося этому опыту человека.

Евгений Миронов (актер)

«*Важным этапом для меня стала первая в жизни поездка в Оптину пустынь. Мне тогда было тридцать три года. Говорят, в этом возрасте в жизни всегда что-то меняется. Но я понимал, что надо менять это «что-то» самому, и поехал в Оптину пустынь, чтобы поговорить с отцом Илием. Это был момент какого-то всеобщего кризиса: и творческого, и духовного – я чётко осознавал, что мне необходима встреча именно с ним. Но меня к нему долго не пускали, пришлось перелезть через забор и тайком пробраться к домику, где была келья старца. Эта встреча перевернула меня. Он говорил так, как если бы был грешнее меня в тысячу раз, как если бы он в тысячу раз более меня сомневался. Я был просто потрясён всем происходящим: впервые я общался со священником, который переживает за весь мир и за весь мир молится. В эти полчаса я чувствовал что-то необыкновенное. По форме это, конечно, не была исповедь, но по важности и глубине этот разговор стал для меня чем-то очень значимым».*

Один человек рассказывал мне, что какое-то время ходил в храм, но не имел живого чувства Бога. Тогда он сказал себе, что святые испытывали на службе полноту радости и обретали подлинный смысл бытия. Он, доверившись опыту святых, стал ходить на службу ничего, при этом, не ощущая. Спустя несколько лет он с удивлением заметил, что ощущает Бога внутри и рядом. Когда это чувство пришло – он и не заметил, потому что это чувство не всегда приходит как яркая неожиданность, но и как постепенность, как что-то, растянутое во времени.

Мы тоже можем рассчитывать, что, если только мы постараемся, то Бог встретит и нас, потому что Он хочет нас встретить и Он ещё в Свои евангельские времена сказал *«Все, что дает Мне Отец, ко Мне придёт; и приходящего ко Мне не изгоню вон»* (Ин 6:37).

ВСТРЕЧА ЧЕЛОВЕКА С ЧЕЛОВЕКОМ

Иудейский философ Мартин Бубер, изучая проблему «диалога» выделял три вида общения людей друг с другом. Первый вид – это когда люди говорят друг с другом, но каждый слушает только себя, каждый безразличен к личности другого человека. Как в сказке «Маленький принц» был такой образ, Себялюбец, который слышал только похвалы в свой адрес и ничего другого не слышал. Второй тип диалога по Мартину Буберу – это когда люди вынужденно вступают в разговор, по необходимости, по работе, иначе бы они в разговор не вступили. Тут нет внутренней жажды общения. Например, разговор в магазине продавца и покупателя: сколько стоит килограмм яблок? Столько-то. Ну, дайте мне его. Или не нужно. Или разговоры по работе в офисе. То есть, это разговор без внутренней жажды разговора. И третий вид общения – это когда люди говорят, вслушиваясь друг в друга: это и есть настоящий диалог людей.

Дело в том, что люди часто встречая друг друга, друг друга не встречают. И в самой грубой форме это происходит, когда человек воспринимает другого как средство для получения чего-то от него. Когда человек, особенно современный, говорит: «Я тебя люблю!», – это очень часто означает, что мне приятны чувства, которые я испытываю рядом с тобой, а ты – это источник этих ощущений, этих чувств, которые я сейчас испытываю. Этот разрыв людей друг с другом происходит впервые после грехопадения. До грехопадения Адам и Ева жили жизнью друг друга. А после они восприняли другого как чужого, как неродного, и стали сваливать вину друг на друга. Помните, как Адам сказал: жена, которую Ты дал мне, она дала мне плод, и я ел. До грехопадения такие слова были невозможны. В Псалтыри даже есть такая ремарка о близком, что ты для меня то же, что и я – это было отношение Адама и Евы. И после падения они ощутили и Бога, и друг друга как неродных. То есть, глубинный корень проблемы разобщения – это утрата Бога как содержания собственной жизни. И отсюда – возвращение к человеку происходит через возвращение к Богу. У Аввы Дорофея был по этому поводу интересный пример, когда он описывал с помощью тогдашней науки, которая была ему известна, что существует круг, есть центр круга и радиусы исходят от центра. И он говорит: представьте себе, что круг – это мир, центр круга – это Бог, а радиусы, которые идут от центра к периферии, и наоборот – это людские пути жизни. И насколько люди приближаются к Богу, насколько они входят во внутренность круга, настолько они одновременно приближаются друг ко другу. Но и наоборот, насколько они удаляются от центра, настолько они удаляются и друг от друга.

Чтобы встретить другого человека, нужно отказаться от внутреннего желания получить от него какую-то выгоду. Потому что от неподлинной, ненастоящей встречи мы страдаем. Ведь человек создан только для всего настоящего. И тут открывается ещё один повод для борьбы с ложностью в себе. Оказывается, что любая страсть – это помеха для настоящей встречи с другим человеком. Поэтому путь к другому – это аскетика. Она помогает нам написать икону самих себя, икону наших отношений, она помогает нам увидеть эту икону в другом. Оказывается, святые переживали это как истину, что к другому нельзя подойти с чем-то малым, но нужно подойти со всем, что ты только можешь ему дать. И всё, что восстаёт на такое отношение, должно быть обязательно побеждено.

Митрополит Сербский Амфилохий Радович, подвижник и ученик Иустина Сербского, говорил, что «другой человек может быть для нас или источником адской муки, или источником райской радости». Адской муки — если он не предполагает вечного с ним общения. Но кто бы захотел всю жизнь общаться с каким-нибудь продавцом в магазине или со своими сослуживцами по офисной работе? Конечно, такого человека нет! Как в мультфильме «Утиные истории» Скрудж, главный герой, на время попадает в ад, его встречают соседи и говорят: «Здравствуй, дорогой сосед! Теперь ты будешь с нами смотреть сериал "Корабль любви"!» Потом у них так злобно искажаются лица, и они добавляют: «Вечно-о-о!!!» Это и есть такая встреча, которая не предполагает вечного общения. И наоборот, лицо человека по Амфилохию Радовичу, может быть источником райской радости, если мы не хотим присвоить другого, если он, и мы это чувствуем, навечно входит в нашу жизнь как источник нашего счастья.

У Клайва Льюиса есть сказка «Письма Баламута», сюжет которой — это письма старшего демона своему племяннику о том, как правильно искушать человека. Демона зовут Баламут. И вот в одном из писем Баламут говорит племяннику: я не понимаю Христову любовь. Вот если я тебя, младшего демона, люблю, то это значит, что я хочу тобой насытиться, я хочу тебя поглотить, я хочу так тебя вобрать в себя, чтоб тебя без меня не существовало. Можно сказать, что такое отношение очень часто можно встретить в мире. По сути, Баламут даёт очень точное описание того, что в мире зовут любовью. Но на самом деле это не любовь, а желание обладать и владеть.

По этому поводу вспоминается одна девушка, сейчас уже мало известная, но когда-то блиставшая в Британской империи. Звали её Каролина Лэм. Она была хороша собой, искусная наездница. Кроме того, она знала языки и имела успех в обществе. Её друзья называли её Белка, Буря, Дикарка. Она вышла удачно замуж. Супруги жили первое время в Лондоне, иногда переезжали. У неё несколько раз рождались дети, но каждый раз её преследовали огорчения. Первая девочка умерла. Потом родился сын с аутизмом, который, пережил свою мать и умер позже неё. И всё это омрачало её семейную жизнь. Кроме того, у мужа, аристократа, по службе случались проблемы. И кроме того, ей приходилось страдать из-за ревности свекрови, враждебного отношения членов семьи мужа. Всё это, конечно, налагало свой отпечаток. В конце концов, когда в 1812 году она встретилась с поэтом лордом Байроном, то они влюбились друг в друга; их связь продолжалась девять месяцев. Вначале Байрон был очень польщён вниманием такой высокопоставленной леди. Она ему читала свои стихи, он их хвалил. Но Байрон очень быстро уставал от девушек. И когда он их уже соблазнял, когда он получал то, что хотел, то поэт устранялся. Когда он устранился и от леди Каролины, то её мать увезла её на три месяца в Ирландию, чтоб та восстановилась от нервного потрясения. Байрон писал ей туда нежные и трогательные письма. Но когда Каролина вернулась в Лондон, он сказал, что отношения не возобновит. Это вызвало с её стороны публичные попытки воссоединиться с Байроном, всё это сопровождалось истериками, сценами ревности. Её биографы говорят, что она была буквально одержима Байроном, и это отразилось и на её жизни, и на её творчестве. Так продолжалось четыре года. Она выпустила в 1816 году свой очень известный для тех времён роман «Гленарвон», где описывала там свои отношения с Байроном. Книга имела успех, но окончательно разрушила её репутацию. Интересно, что её муж лорд Лэм не придавал происходящему особенного значения, смотрел на происходящее сквозь пальцы, но поскольку свекровь очень не любила свою невестку, то она стала давить на своего сына. И он решил, что поведение жены вредит его карьере, и в 1825-м году разъехался с ней. По их договорённости леди Каролина жила со своим свёкром, лордом Мельбурном. С мужем она переписывалась, сохраняла с ним тёплые отношения. Она прожила всего сорок два года. Последние годы её были омрачены множеством поклонников, которых она особенно не хотела, а также пристрастием к опиуму и алкоголю. Хотя это была очень красивая, светлая, достойная девушка. Умерла она рано, а жизнь её не сложилась. Причиной её бед, в первую очередь, был Байрон, а не она, он ею воспользовался, а Каролина просто пошла за ним и всё закончилось трагически для неё. Байрон же вновь и вновь находил себе поклонниц, он был в этом деле мастер. Эта история есть пример того, как люди, встретив друг друга, друг друга, на самом деле, не встретили.

Есть и другой пример, который я тоже хочу вам привести — это случай Роберта Льюиса Стивенсона. Это писатель, который написал балладу «Вересковый мёд», написал знаменитую «Катриону», написал «Чёрную стрелу» и самый известный свой роман «Остров сокровищ». Он был влюблён в девушку, которую звали Фанни. Она была на десять лет его старше, имела двоих детей, дочку и сына. На момент их встречи она была ещё и замужем. Но замужем за человеком, который ей был совершенно чужой, не близкий по духу, не родной, не любимый, хотя когда-то, наверное, она его и любила. И что интересно, Стивенсон не стал поступать так, как поступил Байрон, хотя ситуации были очень похожие: и там, и там семейные проблемы, и там, и там сложности, и там и там девушке трудно, и там, и там влюблён великий писатель. Но, тем не менее, если Байрон просто соблазнил девушку, то Стивенсон стал рыцарственно ожидать, пока Фанни сама разведётся, если это вообще когда-то произойдёт. И действительно, он дожидается такого момента, Фанни разводится, и Стивенсон заключает с ней брак. Их брак был очень счастливый. Писатель посвящал своей жене удивительные и очень красивые стихи – это очень редкий случай в мировой поэзии, чтобы автор говорил в своих произведениях о счастливом браке. Я приведу вам по этому поводу другой пример. Был такой в эпоху Возрождения известный автор Джованни Боккаччо. И вот когда он увивался за одной из своих возлюбленных, то посвящал ей стихи. Но эта возлюбленная совершенно отказывалась давать то, что Боккаччо искал, а искал он, конечно, не брака, а совсем других вещей. Она не соглашалась дать ему то, что он хотел, потому что понимала, что если она согласится, то стихов Боккаччо ей больше не посвятит. Но это пример, похожий на пример Байрона. А у Стивенсона совсем другой случай: он посвящает великолепные стихи своей жене:

Упрямую, смуглую, смелую, быструю,
С глазами, что светятся тьмой золотистою,
Прямую и резкую, словно кинжал, –
Такую подругу
Создатель мне дал.
Гнев, мудрость и душу горячую, цельную,
Любовь неустанную и беспредельную,
Что смерти и злу не дано побороть, –
Такое приданное
Дал ей Господь.
Наставницу, нежную и безрассудную,
Надежного друга на жизнь многотрудную

С душою крылатой, исполненной сил,
Отец всемогущий,
Ты мне подарил.

Расскажу вам и о своей встрече со святым человеком, старцем Гавриилом Стародубом. Этот человек, действительно был полон настоящей, глубочайшей любви к людям. Ещё до встречи с ним я много о нём слышал, знал, что он старец. У меня было одно тяжёлое испытание в жизни, нужно было слово мудрого человека. Мама посоветовала поехать в село Павловка, где он тогда жил. Я приехал утром, нашёл храм. Женщина в храме сказала, что утренняя служба уже прошла, что священник, то есть отец Гавриил отдыхает в домике рядом с храмом. Тревожить его я не решился, присев на скамейку возле домика. На дереве висела маленькая икона, я же волновался, что вот сейчас выйдет старец, который обо мне всё знает. А выйти он должен был обязательно, потому что в 14:00 начиналась вечерняя служба. Я помню, как к домику подошла кошка, стала мяукать в стиле «пустите меня». Я ей говорю: кис, кис, кис. Кошка поворачивается ко мне, смотрит презрительно, словно бы говорит, что я к старцу пришла, а что ты мне можешь сделать? И ещё жалобнее просит: мяу, мяу, пустите меня! Кошку пустили, а вскоре вышел и старец. Я увидел, что он говорит из глубины сострадания ко всем. Он очень огорчился, что я ждал его, что я мог замёрзнуть, что я приехал издалека. Сказал: «У вас там столько хороших священников», — стал перечислять тех, которые ему нравятся. «Что же я могу вам сделать? – а потом говорит, – Зачем же вы на холоде сидели и не постучали в дверь? Вы же замёрзли!». И дальше сказал удивительные слова, которые он говорил тоном, как будто бы он одновременно и мой слуга, и моя мама. Он сказал: «Как же я теперь буду службу вести, если знаю, что вы голодный?» И меня это поразило! Был на Земле человек, который не мог жить, когда другому плохо! И я просил его тогда молиться о маме, спросил о своём деле, которое меня волновало, спросил о том, всё ли хорошо в церкви? Меня тогда очень сильно смущали слова некого донецкого проповедника, который постоянно говорил, что в церкви всё плохо, в церкви все плохие и люди, и священники. Старец ответил, что в церкви в высшем смысле всё хорошо, в ней много праведников, и так всегда будет. Службу старец вёл необыкновенно: каждое слово молитвы он говорил как бы самому Богу, это сильно чувствовалось. И уже потом, когда я увижу его на литургии, меня очень удивит, как он кланяется народу на херувимской. Это действительно был поклон из глубины, перед каждым человеком, особая нежная забота обо всех. И меня удивляло, как он вообще это делает: выходит из алтаря, говорит, как зовут твою маму, я забыл, повтори, я буду о ней молиться. Или заходит в храм какой-то инвалид с палочкой. И старец останавливает службу, подходит к этому инвалиду, и говорит: сядьте на скамейку, не стойте. Инвалид ему: ну как же? В храме ж надо стоять. Старец: нет, не стойте, вам плохо, вы должны сидеть. Потом, когда я уже уезжал, старец хотел дать мне денег на обратную дорогу. Я говорю: «Не надо, у меня есть». А он смотрит на меня и говорит: «Ну я хочу вам дать! Можно?» Меня это конечно, совершенно поразило! И вспомнились слова Антония Сурожского, который говорил, что «в Евангелии, кроме рассказов о встрече, ничего нет». И это правда!

Встречу можно пережить на глубине в предстоянии другому человеку, как мы переживаем вообще всякую красоту и всякую святыню. Встречу мы переживаем, когда видим эту глубинную красоту другого, когда видим в нём то, что верующий назвал бы «образом Божьим». А мы можем сказать ещё, что видим глубину, видим то, что мы действительно в человеке полюбили. Когда мы так видим человека, мы видим сквозь этого человека Бога и видим Бога в этом человеке. Особенно это становится явно, когда встречаешь светлого христианина, такого как Стивенсон. Или когда встречаешь подвижника, как старец Гавриил, которому ты очень нужен! Которому ты, по-настоящему, становишься дорог! Когда человек основой своего существования берёт Бога, то через него на Землю льётся свет. Посмотрите, какие светоносные портреты у Стивенсона. У Байрона нет таких светоносных портретов!

Это то, что даёт христианство человеку. С таким человеком всегда очень тепло. Когда встречаешь такого человека, тебе кажется, что он живёт для тебя, что он как будто шкаф, в котором есть ящики, и в этом шкафу, когда он к тебе подходит, есть ящик для тебя! Более того, он весь превращается в такой вот ящик для тебя!

В идеале человек может быть для другого раем. Сравните это с утверждением Сартра, который говорил, что «ад – это другие». Как ад, другого воспринимают люди, потому что на глубине понимают: они должны друг другу быть нужны по-настоящему, но в реальности они друг другу абсолютно чужие. То есть, встреча не состоялась, встреча оказалась неподлинной. Тогда присутствие другого делает человека адом! Как в песне Владимира Высоцкого, где муж говорит жене: *«Тут за день так накувыркаешься, придёшь домой – там ты сидишь!»* И это герой песни говорит жене, идеалу любви и красоты, человеку, который должен быть беспредельно дорог! Но мир сей, к сожалению, не знает любви не по страсти. Святой Нектарий Огинский говорил, что «без Христа даже любовь сгниёт». Что без Него нет настоящей любви, а есть только страсть в той или иной форме, в той или иной её разновидности. Любовь праведного светлого человека не такова. Прежде всего, для любви светлого человека характерно не делить отношения к людям по степеням. Допустим, я тебя люблю, но сына люблю больше. Такая любовь, как правило, мучает того, на кого направлена. Потому что мы понимаем, что мы должны быть любимы полностью, до последней глубины! Только это будет правильно! Ведь одиночество – это когда мы окружены близкими людьми, где у каждого из них есть кто-то, кто им дороже чем мы. Но всё же существуют люди, которые относятся по-другому. Именно в христианстве есть такие люди, для кого каждый человек – единственный, каждый дорог без всяких степеней. И тогда получается так, что человек к каждому относится в равной мере того, чего он в отношении любви достиг. Конечно, любовь имеет свои оттенки. Жена – это жена, мама – это мама, друг – это друг. Отношение ко всем получается на пределе того, что для человека возможно. Такое отношение действительно существует, это не какая-то романтическая фантазия того «что могло бы быть», но это реальность того, что бывает в христианстве. И к радости такого отношения ведёт дорога аскетики. Потому что на этом пути мы становимся самими собой. У Александра Блока есть такие строчки:

«Сотри случайные черты,

И ты увидишь – мир прекрасен!»

Когда мы идём к другому через аскетику, мы стираем случайные черты и в себе, и в нашем отношении к другому. Тогда мы видим, насколько другой прекрасен, насколько он может стать нашим вечным раем, нашим вечным счастьем! Ведь это наша самая большая радость, когда мы любимы и нужны по-настоящему, нужны до последней глубины! В Евангелии говорится «до единосущия». И когда нам кто-то даёт такое отношение, то мы понимаем, что мы оказываемся в раю. Понимаем, что честно так отнестись и к тому другому, кто нам это отношение даёт. Но путь к такому отношению ведёт через Христа, через личный подвиг. Тем не менее, такое отношение возможно.

В мире есть те, кому мы нужны. И мы находим таких людей в христианстве. Конечно, эти люди редки, но они есть, и мы их можем встретить, это великая радость. О таком отношении не пишут в газетах, не говорят по телевизору, и мир не знает, какая красота совершается в церкви. Потому что мир людей живёт по логике разделения, по логике греха. А церковь, я имею в виду не сообщество прихожан, а церковь как Царство Троицы, живёт наоборот, по логике единства, верного, вечного и глубокого. Кто-то из Оптинских старцев говорил одной девушке, что «ваша любовь как бабочка-однодневка, а наша – любовь святых, она и через тысячу лет будет той же самой». Святой Николай Сербский говорит: «Будьте как матери друг к другу». И мы в христианстве находим такой образ отношений, как будто люди стали друг другу мамами. Те, кто открыли Богу сердца – они не могут относиться к другому иначе! Оптинский новомученик инок Трофим говорил: «Радость! Человек пришёл!» Для него действительно это была радость, для него это было особым состоянием, которое он не мог чувствовать по-другому.

Вспоминаю ещё одну историю. Я в году 2004 служил сторожем в храме. Этот храм находился возле рынка, туда постоянно приходили какие-то хулиганы или воры. Однажды, мы поймали вора, который что-то во дворе воровал. Поймали его и ждём священника, что он решит. Решение священника очень всех удивило вора. «Вот, – говорим, – вора поймали!». А священник отвечает: «Да? Ну накормите его и отпустите!» Конечно, это всегда впечатляет, когда такие вещи происходят, когда ты это видишь, когда такое случается. Но Христос не зря говорит: «Что сделали другому – сделали Мне». А старец Гавриил

Стародуб замечал, что слова Евангелия «кто сеет щедро, щедро и пожнёт», касаются отношений людей друг к другу. Поэтому у святых отцов есть мысль, что лучше ошибиться в любви, чем в её отсутствии.

Возвращаясь к Байрону и к леди Каролине, можно сказать, что Каролина была гораздо менее виновата в том, что произошло, потому что она была страдающей девушкой, она была мучающейся девушкой, семейные отношения которой не складывалась. Байрон же пришёл извне и просто воспользовался этим, но ничего светлого и радостного в её жизнь не принёс. То есть, он попытался её присвоить.

Есть по этому поводу очень интересная мысль у Джона Толкиена, сказочника. Он говорит, что «некоторые вещи стали для нас бесцветными, потому что мы привыкли к ним, заграбастали их, заперли их под замок и престали на них смотреть». Ведь это относится и к людям! То есть мы должны не следовать желанию владеть человеком! Мы должны относиться к нему как к дару! Как говорил философ Семён Людвигович Франк, «воспринимать другого как свет». И у Антония Сурожского есть по этому поводу красивая история. Он рассказывал о том, что как-то раз встретил священника, который очень плакал и мучился по поводу того, что он разлюбил свою жену. А он уже двадцать пять лет женат, двадцать пять лет в священном сане. Что ему теперь делать? Антоний Сурожский ответил, что «да, действительно, двадцать пять лет назад всё было иначе. Но не старайтесь найти черты этой девушки, которая была, в вашей жене. А придите и позвоните в звонок и вглядитесь в лицо той женщине, которая вам откроет. Можете ли вы снова полюбить её? Полюбить ту, которую встретите?» И священник увидел, что он может это сделать, что он может полюбить эту женщину, он влюбился снова в свою жену, благодаря помощи Антония Сурожского и его таким удивительным словам!

У святых отцов есть мысль, что для того, чтобы достигнуть такого отношения, мы должны вначале просто делать дела любви, даже когда такого отношения ещё нет. И постепенно через дела любви мы приходим к желаемому отношению, приходим к этой заботе о людях, которая возможна. Иоанн Златоуст говорит, что «любовь – это самое сильное средство против страстей». Потому что, когда мы кого-то любим, мы не желаем ему зла, мы не завидуем, мы не имеем к нему никаких плохих мыслей. То есть те, кто так чувствует, они уже на Земле живут райской жизнью. Ведь райское состояние – это есть любовь, доверие к Богу и друг к другу. Если быть внимательными, то мы найдём людей, которые так живут и сможем тоже становиться такими людьми и нести это в мир с удивлением и красотой.

Блаженный Августин: *«Я спросил друга: куда ты идёшь? К любви, отвечал друг. А откуда идёшь? От любви. А как ты идёшь? Любовью. И я спросил тогда: а есть ли у тебя что-нибудь, кроме любви? Друг помолчал немного и ответил: любовь!»*.

ПРЕДАНИЕ ЦЕРКВИ В СВЯТООТЕЧЕСКОМ ПОНИМАНИИ

Митрополит Иерофей Влахос: «Насколько богословие истинно и насколько оно есть Боговидение, настолько и слово о Боге истинно. Быть Боговидцем требуется от настоящего и истинного богослова. **В учении святых отцов** Церкви богослов отождествляется с Боговидцем».

Епископ Митрофан Никитин, будучи спрошен как безошибочно отличить православие от подделки под него, рассказал об особом подразделении в милиции, которое борется с фальшивомонетчиками. Но они не исследуют фальшивые деньги, это бесполезно, их постоянно появляется слишком много, они, вместо этого, изо дня в день постоянно изучают деньги настоящие. Смотрят на них и в свете, и в ультрафиолете, и на вкус пробуют, и так познают их, что безошибочно отличают от них фальшивые.

Так должен поступать и православный человек – настолько жить преданием, настолько врасти в предание, чтобы на вкус безошибочно отличать предание от всякой подделки под него. Эту книгу читать, а эту не читать. К этому старцу надо ездить, а вот это – младостарец и ездить к нему не надо. На вкус определять благодать. Этому и учится православный человек живущий преданием.

Всем вам приходилось сталкиваться со словами протестантских сектантов о том, что они живут строго по

Писанию, то есть по тому, что написано в Библии, а православные к писанию добавили ещё какое-то предание и чтут его наравне с писанием. Итак, что такое предание?

Прежде чем ответить на этот вопрос расскажу вам такую историю.

Первая история произошла на Афоне.

Старец Софроний Сахаров «Писания старца Силуана»:

«В 1932 году монастырь посетил один католический доктор, отец Хр. Б. Он много беседовал с о. В. по разным вопросам жизни Святой Горы и между прочим спросил:

— Какие книги читают Ваши монахи?

— Иоанна Лествичника, Аввы Дорофея, Федора Студита, Кассиана Римлянина, Ефрема Сирина, Варсанофия и Иоанна, Макария Великого, Исаака Сирина, Симеона Нового Богослова, Никиты Стифата, Григория Синаита, Григория Паламы, Максима Исповедника, Исихия, Диадоха, Нила и других отцов, имеющихся в «Добротолюбии»,— ответил о. В.

— Монахи ваши читают эти книги!... У нас читают их только профессора,— сказал доктор, не скрывая своего удивления.

— Это настольные книги каждого нашего монаха,— ответил о. В.— Они читают также и иные творения святых отцов Церкви и сочинения позднейших писателей-аскетов, как, например: епископа Игнатия Брянчанинова, епископа Феофана Затворника, преподобного Нила Сорского, Паисия Величковского, Иоанна Кронштадтского и других.

Об этой беседе о. В. рассказал старцу Силуану, которого глубоко почитал. Старец заметил:

— Вы могли бы рассказать доктору, что наши монахи не только читают эти книги, но и сами могли бы написать подобные им... Монахи не пишут, потому что есть уже многие прекрасные книги, и они ими довольствуются, а если бы эти книги почему-либо пропали, то монахи написали бы новые».

Этот рассказ показывает, что люди написали книги о духовной жизни исходя из реалий самой духовной жизни. То есть – опыт предшествует книгам. Опыт пережитого богообщения. Что это за опыт?

Антоний Сурожский, когда был маленьким, эмигрировал с родителями в Париж. Когда он был совсем маленьким, его водила мама в храм, а когда стал подростком – перестал ходить, как и большинство подростков. Жили они, с материальной точки зрения неплохо, и Антоний заметил, что в этой его жизни есть широта, но глубины нет. И он дал себе слово в течение года найти смысл жизни. Было ему тогда 16 лет и о Боге он не думал. Но Бог ведь его слышал. Однажды в его школу должен был прийти священник чтоб поговорить с подростками. Антоний сказал учителю, что ему это совершенно не интересно. Учитель сказал, что если никто из класса не придёт, о их школе пойдёт плохая слава. «Ты приди с книгой, сядь на задней парте, читай своё и не слушай. Антоний так и сделал, но священник говорил очень громко и он не мог читать. Всё, что священник говорил, Антония очень злило и раздражало. И он решил: приду домой, возьму у мамы Евангелие, посмотрю и увижу что всё это полная ерунда и больше никогда не буду в это вникать. Он пришел, взял Евангелие, открыл самое короткое – от Марка и стал читать. И произошло следующее. Он прочёл первую главу, вторую, а когда начал читать третью, почувствовал, что напротив него у стола стоит Христос. Он не видел Христа глазами, но чувствовал Его всем своим существом. Это Антония потрясло и перевернуло. Он потом к людям на улице подходил: «А вы знаете, что Христос есть?». Ему отвечали: «Да, знаем, иди отсюда мальчик, не мешай». Но для него это уже не было «иди и не мешай», а стало стержнем его жизни. И он стал жить ради ведомого Бога. То есть он говорил о Боге, Которого лично встретил.

Ведь Евангелие, канон писания, не само свалилось на стол. Как распространяли веру апостолы? Они приходили в новый город, шли или в Ареопаг, где собирались язычники, или в синагогу, если она была в этом городе. Там проповедовали. Большинство говорило, что «они напились сладкого вина», некоторые говорили, что «это мы послушаем после». Но меньшинство оставалось с апостолом, они и организовывали первую общину православных в этом городе. Апостол жил в общине от полутора до трёх лет, пока не убеждался, что люди всё поняли правильно. Апостол учил их лично и лицом к лицу. Говорил им о браке, покаянии, молитве, посте и о многом другом и совершал с ними Евхаристию. А спустя время, когда видел, что люди верно усвоили учение, апостол ставил епископа общины, священников и дьяконов, организовывал связь новой общины со всеми другими общинами и шёл на проповедь в другой город.

Каждая община была основана устной апостольской проповедью, и прежде чем там появились писания, община была наставлена устной проповедью. И когда апостолы писали Евангелия или послания, они писали уже существующей Церкви, которая, во-первых, жила Литургией и через литургию и молитву – богообщением, а во-вторых Церковь уже была наставлена устной проповедью. Через Литургию, молитву и таинства люди опытно знали, что есть жизнь с Богом и в Боге и что она не есть. А писания только фиксировали этот опыт, поскольку писание является частью предания.

Поэтому истинное писание общины сразу отличали от того, что писали появившиеся еретики. Новый Завет имел богослужебное употребление, писания читала вся уже наставленная община и вере они учились не по писанию, а писание корректировало веру, помогало не уйти в сторону, так как в точности фиксировало апостольский опыт веры, который апостолы уже передали людям устно и в таинствах. Поэтому община легко отличала послания апостола от посланий еретиков – есть ли в написанном знакомый им опыт богообщения, или нет.

Человеку, только вошедшему в Церковь, и тем более смотрящему на церковь снаружи слова о богообщении кажутся странными, но это реальность с которой имеет дело тот, кто углубляется в христианство.

Например, совесть – одно из проявлений богообщения. Откуда она знает, что хорошо, а что плохо? От Бога.

Многие испытывали, что во время молитвы хорошо. Это тоже богообщение.

Чем дальше идёт человек по пути православия, тем больше он ощущает, что живёт перед Лицом Божиим и что Бог ближе к нам, чем собственная рубашка.

Человек ничем не удовлетворяется и ищет всю жизнь, и только найдя православие, сердце его наполняется и он говорит: «Нашёл!».

Чтоб призвать человека, Бог может обратиться к нему и напрямую.

Одна моя знакомая учительница уверовала так. Ей было очень тяжело на сердце, она уснула и увидела во сне икону, а от иконы был голос: «Ты помолись, тебе легче будет».

Это её богообщение.

Весь этот великий опыт богообщения входит в предание. Но предание больше даже этого опыта. Что же оно такое?

Любая культура определяется связью с корнями. Самое глубокое творчество то, которое живёт в традиции. Проблема предания – ещё и проблема авторитета. Кто авторитетен для меня в духовной жизни – я сам и мои размышления о ней, или Бог и те люди, которые Его достигли.

Само слово «предание» значит – преемственная передача по наследству. Важно не только знание, но и способ передачи от одного поколения к другому.

Итак, что же передаётся в предании?

Не только знание о Боге, но и Сам Бог. Он передаёт Себя в предании.

Знание о Боге приходит к нам неизменным от первоапостольской общины. Сам Бог передаёт Себя через причастность к Церковному Телу людей, через участие в таинствах, личный опыт молитвы.

Разные вещи – знать о Боге и знать Бога. Как знать о любимом и знать любимого.

Дух Святой вырабатывает в человеке вкус – новое, то с чем он сталкивается, противоречит ли преданию или нет.

Иоанна 17:8 «Ибо слова, которые Ты дал Мне, Я передал им и они приняли и уразумели».

По тому же принципу передавали предание и апостолы.

1-е Коринфянам 11:2: «Хвалю вас, братия, что вы всё моё помните и держитесь предания так, как я передал вам».

1-е Тимофею 6:20: «О, Тимофей, храни преданное тебе».

Апостолы передавали ученикам, те – своим ученикам, так до наших дней.

Святой Поликарп Смирнский «Послание Филиппийцам»:

«Кто слова Господни будет толковать по собственным похотям и говорить, что нет ни Воскресения ни суда, тот первенец демона. Потому, оставив суетные и ложные учения многих, обратимся к преданному изначала слову».

Тертуллиан: «Мы храним то правило веры, которое Церковь получила от апостолов, апостолы – от Христа, Христос – от Бога».

Источник предания – Божье откровение и творчество человека. Во Христе истина дана сразу и вся, но человек может выбирать формы для её выражения. Это – соработничество.

Святой Викентий Леринский: «Что такое предание? То, что тебе вверено, а не то, что тобою изобретено. То, что ты принял, а не то, что выдумал».

Нельзя придумать Бога, мир, - они есть и мы должны их правильно воспринимать и понимать.

Господь даёт человеку содержание и Сам предлагает нам найти форму. Он видит в человеке не пассивного принимателя истин, а зовёт нас к сотворчеству.

Господь даёт молитвенный дух, но как разно он выражается в разных молитвах.

Предание невозможно усвоить человеческими силами, чтоб познать кого-то нужно быть ему подобным.

Иоанна 15:26: «Когда же придет Утешитель, Которого Я пошлю вам от Отца, Дух истины, Который от Отца исходит, Он будет свидетельствовать о Мне».

Невозможно познать Бога, если мы с Ним не соединяемся. Без Святого Духа мы ничего не поймём в предании.

Святой Филарет Московский: «Предание – не только видимая и словесная передача правил и постановлений, но и невидимое и действенное сообщение благодати и освящение».

Владимир Лосский: «Если писание и всё, что может быть сказано написанными или иными символами суть различные способы выражать истину, то святое предание – единственный способ воспринимать истину. 1е Коринфянам 12:3 «Никто не может назвать Иисуса Господом, как только Духом Святым». **Итак, мы можем дать**

точное определение преданию, сказав – что оно есть жизнь Духа Святого в Церкви.

Жизнь, сообщающая каждому верующему способность слышать, принимать, познавать истину в присущем ей свете, а не в свете естественного человеческого разума».

Ведь не может быть понято разумом то, что превышает человеческий разум. Православие ни в коем случае не отрицает разум, но учит, что разум должен соединиться с Духом Святым и Бог поможет правильно принять то, что открывает человеку. Восхождение к преданию – тяжелый и большой труд. Нужно отказаться от многих ложных взглядов и принять Божие. Но сердце извещает нас, что принятое правильно и истинно.

Иерей Сергий Булгаков: «Предание есть живая память Церкви, которая содержит истинное учение, как оно раскрывается в ее истории. Это не есть археологический музей или научный каталог, и это не есть даже мертвый "депозит" веры; оно есть живая сила, присущая живому организму. В потоке своей жизни оно несет все свое прошлое во всех своих частях и во все времена. Все прошлое включено в настоящее, есть это настоящее».

Именно в русле предания рассматривается церковная мысль, мысль вообще и даже Писание – через созвучие Духу Святому.

Алексей Хомяков: *«Если бы доказали, что Послание к Римлянам принадлежит не апостолу Павлу, Церковь сказала бы: оно от меня».*

То есть, предание иначе относится к проблеме авторства. У святого может быть неверная мысль, и мы можем увидеть это именно благодаря преданию. С другой стороны у язычника и инославного может быть православная мысль, где он, автор, коснулся Духа Святого, и это тоже мы можем увидеть благодаря преданию.

Гилберт Честертон: «Многие разделяют поистине современное мнение: Гомера написал не Гомер, а кто-то другой, его тезка. Точно так же многие полагают, что Моисей – не Моисей, а кто-то другой, звавшийся Моисеем… Древний мир, создавший эти поэмы, верно хранил предание, традицию. Отец мог оставить поэму сыну, чтобы тот её кончил, как мог оставить возделанную землю. Возможно, «Илиаду» создал кто-то один; быть может – целая сотня людей. Но помните: тогда в этой сотне было больше единства, чем сейчас в одном человеке. Тогда город был как человек. Теперь человек – как город, объятый гражданской войною».

Преданием мы познаём то, что иначе не могли бы познать, хотя бы потому, что ни один человек в одиночку не может заменить собой весь опыт осмысления истины и жизни в истине, который уже сделан в церкви миллионами прекрасных людей.

Мы не можем прочесть все их книги, узнать все их жизни, потому что земных лет на это не хватит, имей мы хоть возраст Мафусаила. Но в Духе Святом мы вбираем в себя всю полноту истины, и тогда, вглядываясь в жизнь, мы видим за внешним хороводом событий, дел, слов, те духовные законы, по которым мир существует; видим истину в целостности, потому что Духом Святым она вмещается в наше сердце, и мы, не зная о том, что говорил по этому поводу какой-то святой десятого века, встречаясь с аналогичной ситуацией, говорим и думаем то же самое, потому что тогда наше познание совершается в Духе.

При этом мы вникаем в истину и транслируем её уникально, на свой, неповторимый манер, так, как из всех миллионов живших и живущих людей доступно только тебе одному…

Святой Иустин Сербский говорит об этом, что, каждый верный христианин так же является важной частью предания, ведь живёт он в Том же Духе Святом, в Котором жили и апостолы. У каждого человека разная мера благодати, зависящая от его труда перенесённых скорбей, жизни для других и любви. Каждый человек выражает образ Божий по-своему, а потому предание бесконечно разнообразно, и это тот случай, когда мы можем благодарно повторить латинскую поговорку: «Да здравствует разница!».

Святой Иустин Сербский: *«Предание – Христос и вся Его Богочеловеческая жизнь, реализованная в каждом члене Церкви Духом Святым через святые таинства и святые добродетели...Предание богочеловечески едино и богочеловечески неделимо. Дух Святой через всех и через каждого из них (святых) благовествует одну и ту же истину Спасителя».*

Преданием, в контексте аввы Иустина, является вся жизнь исполненного Духа Святого человека, всё его мышление и познание, где он касается истины. Это относится не только к святым, но и ко всем христианам, которые в той или иной мере причастны высоте истины и отсюда познаю́т святое, которое может быть познано только святостью.

При всём видимом различие людских путей к Богу, всех живущих преданием напояет один и тот же Дух.

Иоанн Дамаскин говорит: *«Мы не изменяем вечных границ, установленных отцами", а храним Предание таким, каким получили его».* Это значит, что мысль православного человека не должна сходить с пути истины, завещанного нам Христом. Но, внутри самого пути, мы должны обратиться к словам старца Иоанна Миронова, однажды сказавшего: «Евангелие у нас одно, а исцеление все получают по-разному». Сюда же относятся и слова Иоанна Златоуста, что к Богу ведёт столько путей, сколько существует людей. Конечно, все эти пути существуют только в пределах верного, православного духовного пути. Поэтому дороги, по которым к Богу приходили святые отцы, порою столь разнообразны, что, бывало, это даже рождало непонимание одного отца другим. Хотя, конечно, это непонимание случалось довольно редко.

Предание есть Дух Святой, живущий в церкви. Поэтому основная форма выражения предания есть человек, приобщающийся благодати Господней.

Как пишет патролог Каллист Уэр, предание имеет так же и формы своего выражения на земле. К ним он причисляет: *«книги Библии, Символ веры, постановления Вселенских соборов и писания св. отцов, каноны, богослужебные книги, святые иконы. Иначе говоря. Это вся система вероучения, церковного управления, культа, духовности и искусства, выработанная Православием на протяжении веков».*

Однако, тут митрополит Каллист делает важную оговорку:

«Не всё воспринятое из прошлого равноценно, и не все непременно истинно. Как заметил один из епископов на Карфагенском соборе 257 г., "Господь сказал: Я есмь истина. Он не сказал: Я есмь обычай". Есть разница между преданием и традициями: многие унаследованные от прошлого традиции имеют человеческую и случайную природу. Это благочестивые (или неблагочестивые) мнения, но не истинная часть предания - основания христианской вести».

У организма есть отходы жизнедеятельности, и у церковного организма есть то явление, которое Кураев назвал «болотом приходских суеверий», или, попросту – дурью.

Не каждый православный человек является носителем православного сознания, но, находясь в церкви, может мыслить совершенно вне предания и даже быть носителем сектантского сознания.

Когда такой православный носитель не православного мировидения встречает человека ищущего, то может надолго отвратить его от церкви.

Так, в XVI веке посланники Лютера обратились к православным, чтобы те помогли им богословски обосновать неверность претензий папы Римского на главенство церковью. Но им никто не смог объяснить, чем отличается православие от католицизма, и Лютер изобрёл свою религию.

А вот случай современный. Одна моя подруга, добрая девушка, приехала в некий женский монастырь со своей семилетней дочерью. На литургии она взяла сумку дочери и перебросила через плечо. К ней тотчас подошла монахиня, и стала её ругать: «Если бы ты знала, какой это грех – сумку через плечо носить!».

Девушка испугалась и позвонила мне, и я её успокоил. Но, если б ей не было кому звонить, что бы она думала о нашей вере, как бы видела в ней пасхальную мудрость святых отцов?

О пронизанности Духом текста или мысли подвижника должны засвидетельствовать другие подвижники и духовно живущие христиане. В общем, все, кто ведёт правильную духовную жизнь, должны ощутить сходность духа в читаемых словах и благодати в своём собственном сердце. Спросите, как человек может правильно отличать в своём сердце благодать от разнообразных психологических проявлений? Это помогает сделать наставник христианина, которому, в свою очередь, помогал различать благодать на вкус его наставник...

Этот выбор должен делать не только патролог, но любой человек правильно живущий по Духу.

С точки зрения самого предания, предание – это Дух Святой, живущий в церкви. Поэтому дело не в текстах, а в причастии Духу, которое и рождает тексты.

Рассмотрим по порядку те внешние формы, в которых выражается предание. Внешние, в данном случае, означает именно форму выражения, а не отрыв от содержания и не внутреннюю пустоту, чего, конечно же, никогда не бывает в предании.

Внешние формы выражения предания

1. Библия

Каллист Уэр: *«Библия - это Писание народа: его нельзя рассматривать как нечто стоящее над Церковью, ибо оно живет и понимается внутри Церкви (вот почему не следует разделять Писание и предание).*

Именно от Церкви в конечном счете получает Библия свой авторитет, ибо именно Церковь изначально решала, какие книги принадлежат к священному Писанию; и только Церковь вправе авторитетно толковать Священное Писание».

Почему так? По единству Духа, напояющего Церковь и Писание. Духовный опыт церкви и опыт, зафиксированный в Писании – это единый опыт. Православие рассматривает Библию как словесную икону Христа.

Писание, по святому Симеону Новому Богослову – часть предания. Писание не есть основа религиозной веры, оно само основано на религиозном опыте и отражает этот опыт.

Святой Симеон Новый Богослов говорил: *«только то чтение полезно, которое сопровождается исполнением прочитанного».*

Святой Симеон Новый Богослов: *«Во время чтения необходимо вглядываться в себя, рассматривая и изучая душу свою как в зеркале».*

Библия – это послание, адресованное каждому читателю непосредственно и персонально. Святые отцы верили в живое присутствие Христа в Писании.

Каждое слово Евангелия обращено к нам лично. Христос пришел спасти всех – но не все хотят, чтоб Он их спасал, это те, кому хватает для счастья животной жизни и Бог ждёт особого момента, направляя их жизнь так, чтоб дать им шанс услышать то, что Он говорит. Поэтому Христос не сразу пришёл спасать, а через много тысячелетий, поэтому Он и апостолам говорит не тратить усилий там, где это невозможно.

Если выучить всё Писание наизусть, знать историю его и все толкования – это нисколько не приблизит нас к Богу, как не приближает к Нему знание писания врага человеческого рода и протестантов.

К Богу приближает нас только следование тому, чему учит Евангелие.

Поэтому единственное условие правильного истолкования, это знание того, что Писание – не книга, а жизнь.

Святой Иустин Сербский: *«Это книга, которая читается жизнью и понимается деланием»*.

Святой Марк Подвижник: *«Писание читай делами»*.

Причем понимание того, как исполнять прочитанное, надо брать не своё, а так, как понимали апостолы и святые, пришедшие к Богу.

Смысл Евангелия – человек может соединиться с Богом, возможно же это только при исполнении того, что учит делать Христос.

К чтению слова Божьего христиане всегда относятся, как к одному из самых важных дел христианской жизни. Все самые знаменитые толкования – проповеди, а не кабинетные творения. Они рождались в молитвенном вслушивании в Бога, даже когда их писали в кабинете.

Это чтение – семя, бросаемое в человеческую душу, которое туда бросается, чтоб принести плоды. Поэтому с первых лет православные читали Писание во время службы в Церкви. Вначале, конечно, Ветхий Завет, потому что Нового Завета ещё не было.

Правила при чтении слова Божьего

1) Чтение всегда должно начинаться с молитвы к Тому, Чьё слово сейчас собираемся читать. Мы нуждаемся в духовном просвещении, чтобы понять и принять Его слово.

«Господи, Иисусе Христе, спаси и помилуй раба твоего (имя) словесами Божественного учения Твоего, читаемыми о спасении раба твоего (имя). Попали Господи терние всех грехов его, да вселится в него благодать Твоя, очищающая, освящающая во веки веков. Аминь».

2) Постоянство. Ежедневно читать. Когда епископ Митрофан преподавал на отделении духовной культуры, он всех студентов благословлял читать в день по главе из Нового Завета. Всего одна глава, но и это сделает своё доброе дело.

Ведь мы после грехопадения непостоянны и если редко читать слово Божие – оно никогда не принесёт плода. А нужно, чтоб оно в один из дней проникло в наше сердце и изменило его.

3) Честность и непредвзятость. Всё Писание обращено лично к каждому человеку. Евангелие гораздо умнее нас, а мы понимаем только в меру своего духовного роста, очень до многого мы просто не доросли.

Великий современный старец, ученик святого Силуана Афонского Софроний Сахаров говорил, что всю жизнь читал Евангелие, но вначале просто его читал, хотя и с доверием тому, что там написано. А потом, когда он пережил множество откровений от Господа, он понял, что за каждым словом Евангелия стоит онтологическая, бытийная, несомненная реальность.

4) При чтении писания необходимо обращение к Церковному Преданию – как правильно понимать. Даже апостол Петр писал в своём послании, что для него в по-

сланиях апостола Павла есть что-то неудобопонятное. Писание – письменная часть предания, а предание проверено жизнью святых.

5) Необходимо благоговение при чтении. Даже положение тела должно быть благоговейным. Раньше переписчики переписывали Евангелие стоя. Можно и сидеть и лежать, но не кушать при этом, быть в том расположении, с которым и нужно слушать слова Бога.

Люди часто приходят к вере, просто читая Евангелие. Знаю одного человека, который уверовал, просто читая Евангелие от Иоанна.

В советские времена, когда Евангелие в СССР не издавалось, люди выписывали евангельские цитаты из атеистических книг, и чувство было при этом такое, как напился живой воды посреди пустыни. То же самое мы можем испытать, когда читаем книгу «Сектоведенье». Читая лживые учения сект, духовно задыхаешься, а когда встречаешь в тексте слова Писания, то душа снова дышит Духом Святым.

Это происходит потому, что Христос Сам присутствует в Писании.

Писание – средство, позволяющее жить с Богом и в Боге. Оно вносит свет в нашу жизнь.

Писание – часть Предания. Писание не есть основа религиозной веры, оно само основано на религиозном опыте и отражает этот опыт.

2. Семь Вселенских Соборов: Символ веры.

Мы знаем, что вероучительные определения вселенских соборов непогрешимы.

Важно знать, что вселенские соборы не придумывали веру церкви, они только находили наилучшие слова для того, чтобы общую веру церкви выразить и описать.

Как поэт, это тот, кто может сказать то, что все чувствуют так же, как и он, так и соборы находили лучшие слова в лучшем порядке для выражения того, что опытно знали все православные.

Николай Лосский, комментируя наследие философа А. Хомякова пишет:

«Принцип соборности означает, что ни патриарх, имеющий верховную власть, ни духовенство, ни даже вселенский собор не являются абсолютными носителями истины. Таким носителем истины является только церковь в целом. Были еретические соборы, говорит Хомяков, например тот, который дал начало полуарианству. Внешне они почти не отличались от вселенских соборов. Почему же они были отвергнуты? Единственно потому, что их решения не были признаны всеми верующими как голос церкви».

Хомяков обращается здесь к посланию восточных патриархов папе Пию IX, которое гласит: *«Папа очень ошибается, предполагая, что мы считаем церковную иерархию хранительницею догмата. Мы смотрим на дело иначе. Непоколебимая твердость, незыблемая метина христианского догмата не зависит от сословия иерархов; она хранится всею полнотою, всею совокупностью народа, составляющего Церковь, который и есть Тело Христово»* (письмо к Пальмеру от 11 октября 1850 г.)

То есть, Дух Святой, действующий в церкви, является хранителем Предания и веры, и истины.

3. Позднейшие Соборы

Митрополит Каллист Уэр: *«Формулирование православного вероучения, как мы уже видели, не прекратилось с Седьмым Вселенским Собором. С 787 г. Существовали два основных способа, какими церковь выражала свою точку зрения: 1) определения поместных соборов (то есть соборов, объединяющих членов одного или более патриархатов или автокефальных церквей, но не претендующих представлять Православную Соборную Церковь* *в целом)* и *2) письма или определения веры, сформулированные отдельными епископами. Если вероучительные определения всеобщих Соборов непогрешимы, то в определения поместных соборов или отдельных епископов всегда может вкрасться ошибка. Но когда такие определения принимаются всей Церковью, они приобретают вселенскую авторитетность".*

4.Святые Отцы

Что же относится к святоотеческому наследию? Все их писания, адресованные как отдельным лицам, так и группам лиц. Но эти писания должны соответствовать принципу согласия отцов. Дело в том, что святые отцы, жившие в разное время, принадлежащие разным эпохам и разным культурам, являются причастниками единого опыта богообщения и постижения Бога. Но, любой человек, даже святой, может в каких-то отдельных случаях услышать Бога неверно и соответственно, неверно что-то сказать. Поэтому важен принцип согласия отцов: в чём все они, или большинство из них, были единомысленны и единодушны. Что они, несмотря на разные культуры и время, мыслили одинаково. Что они одинаково постигли и передали. Это уже не чей-то частный духовный совет, но учение церкви.

Так же к писаниям можно отнести наследие людей ещё не канонизированных как святые, но живших святой жизнью, о чём засвидетельствовали духовно опытные люди. Таких людей зовут блаженными отцами. Таков, например, старец Паисий Афонский.

Единый опыт отцов это и есть опыт церкви, опыт реального общения с Богом и жизни ради Него. Святые отцы – не одиночки перед Богом. Они познали великую тайну церкви – тайну всеединства или соборности. Обычные люди находятся в состоянии разобщения со всеми в большей или меньшей степени, святые наоборот чувствуют других родными себе.

5. Литургия

Митрополит Каллист Уэр: *«Было бы ошибочным прийти к выводу, что если то или иное убеждение веры никогда специально не провозглашалось в качестве догмата, то оно не составляет части православного предания, а остается частным мнением. Определенные вероучительные положения, никогда не выраженные формальным образом, тем не менее с безоговорочным единодушием принимаются Церковью как безошибочное внутреннее убеждение, столь же обязывающее, что и прямо выраженная формула".*

Святой Василий Великий говорит об этом так: *«Одни вещи мы имеем от письменного учения, а другие получили от апостольского Предания, переданного нам в таинстве; и те, и другие обладают равной силой в глазах благочестия".*

Богослужение доносит до нас те истины, которые святым были открыты во время их молитвенного вслушивания в Господа. Поэтому у подвижников есть мысль, что, то, что мы получили в молитве, есть самое высшее наше познание.

В книге мы читаем некие истины о Боге, а в молитве и таинствах мы можем эти истины пережить. Как и в духовной жизни в целом мы можем узнать, насколько правы были святые отцы, говорившие об устроении человека. Вся духовная жизнь связана с молитвой. Все высокие состояния, которые испытали отцы, они испытывали только во время молитвы, либо бессловесной обращённости души к Богу.

Однако, тут нужно сделать важное замечание, что человек, который в молитве ощутил о Господе нечто важное, должен открыть это своему духовому отцу. Это нужно для того, чтобы опытный духовник засвидетельствовал человеку качество его духовного опыта. Таким образом, исключается возможность ошибки. Конечно, духовник должен сам жить в предании, то есть в благодати, чтобы уметь различать благодать на вкус.

Отцы многое писали о своих духовных переживаниях, но применять их опыт к себе возможно только через живого носителя традиции – своего наставника, «которым обычно бывает приходской священник» как говорит Феофан Затворник. Именно наставник из всего многообразия советов подберёт тот, с помощью которого мы сможем максимально полно раскрыть свою жизнь Господу. Он же поведёт нас и по сложному пути молитвы...

6. Каноны

Представьте себе дорогу, у начала которой стоит знак «60 километров в час». Но вот дорога пришла в негодность, и ставят новый знак «30 километров в час». А вот дорогу отремонтировали и появился новый знак «90 километров в час». Дорога та же самая, но в зависимости от её состояния меняются и правила передвижения по ней. Так и каноны. Они относятся к людям конкретного места и времени и поэтому тот, кто применяет канон к человеку, должен с этим считаться.

Например, есть канон о том, что христианину нельзя посещать театр. Но этот канон появился в то время, когда театр был языческим. Там были только блуд и насилие, а теперь театр стал христианским и посещать его можно. В связи с этим, важно не только знать канон, но и знать церковное толкование и понимание этого канона.

Например, есть канон, по которому в ограду храма нельзя заводить никаких животных. Но в ограде часто держат собак. Почему? Потому что есть разъяснение этого канона, по которому если сторожу угрожает опасность, можно держать животное для охраны храма.

Каноны отвечают на многие важные вопросы. Есть, например, канон о том, что, если человек чистил перед причастием зубы и случайно проглотил воду, то ему можно причащаться «чтобы в следующий раз враг не искусил тем же самым». Исходя из этого канона, епископ Митрофан Никитин допустил к причастию человека, который по забывчивости проглотил три семечки утром перед причастием.

По Василию Великому, священник может изменить норму канона для того, чтоб помочь спастись некому конкретному человеку. Этот принцип называется «икономией».

7. Иконы

Иконы помогают нам узреть духовный мир. Иконы – это окна с духовного неба на землю.

Сделаем несколько выводов.

Во-первых. Православие – опыт живой, личной встречи с Богом, опыт доступный, опыт пути соединения человека с Богом (не растворения в Боге, а соединения в любви, когда человек становится Божиим).

Во-вторых. Идти по этому пути можно только так, как указал Христос и как прошли святые отцы. Сверять свой опыт с их опытом, чтоб не сбиться.

В-третьих. Открыть свою жизнь Богу, чтоб стать членом Тела Церкви. Ведь и наше общение с Богом – это часть предания. Но нужно стоять на страже сердца, чтобы за встречу с Богом не принять что-то другое. В этом тоже помогает предание.

Поскольку святые всех веков имели одинаковый опыт богообщения, то опыт их, живших в разные века, в разных культурах, одинаков. Они были движимы Одним Богом. Если не знать автора текста, будет казаться, что всё написал один человек, или, по крайней мере, что всё написано в XXI веке, для нас лично. Ведь святые имели одинаковое представление о Боге, о душе и её движениях, и всё это, хотя большинство святых было наставлено в предании, они постигали и своим личным опытом – их опыт подтверждал предание, а предание подтверждало их опыт.

Предание может передать тот, кто имеет личный благодатный церковный опыт богообщения. Поэтому очень важно быть прихожанином какого-то прихода и жить жизнью общины и Церкви, насколько это возможно.

Веру нельзя выдумывать, встречу с Богом нельзя выдумывать.

Надо жить внутри предания и хорошо знать предание, прежде всего, чтоб самому спастись. Ради этой цели, а так же ради соучастия в спасении ближних, надо уметь отличать предание от того, что преданием не является.

Гёте: *«Глупее всего заблуждается тот, кто думает, что утрачивает свою оригинальность, если признаёт истину уже признанную другими».*

Православная верность преданию – верность пути к Богу, открытому Им Самим, и верность Самому Богу – Которого жизнь в Церкви и есть предание.

Митрополит Илларион Алфеев: *«Краеугольным камнем предания является ни что иное, как личный мистический опыт христианина; предание не может быть подлинно православным, если в его основе не лежит опыт встречи человека с Богом. Подлинный мистицизм так же невозможен вне контекста предания. Истинный мистик – не тот, кто ставит собственный опыт выше церковного предания, но тот, чей опыт находится в согласии с опытом церкви».*

То есть, всякое вероучительное положение может быть проверено и достигнуто верующим через личный опыт жизни в Боге. Тогда истинность всеобщего православного предания подтверждается личным опытом христианина, который принял веру и на этом пути лично встретил Господа. Такая встреча возможна только, если человек живёт «последующе святым отцам», в русле православной духовности, в контексте предания. Тогда и другие духовные люди будут узнавать на его лице печать той же духовной жизни, которая совершается и в их сердце...

ОПЫТНОЕ ПОЗНАНИЕ БОГА И ИСКУШЕНИЕ НЕВЕРИЕМ

Мы будем говорить не о том агрессивном неверии, когда злому человеку или гордецу выгодно считать, что Бога нет, потому что тогда всё позволено. Мы поговорим о том, когда человек мечтает верить крепко, мечтает видеть Бога очами веры, но реально взглянув на себя, видит, что вера его очень и очень слаба. Человек растёт постепенно, постепенно растут и его добродетели, и вера тоже. На пути этого роста встречается много препятствий и со стороны самого человека и со стороны врага человеческого рода.

Не нужно смущаться малым начальным результатом. Некий святой в старости говорил, что, если сравнить его теперешнюю веру с верой юности, то та выглядела бы как неверие. Не потому, что он не веровал, но потому, что не зрел Бога. Поэтому святые отцы говорили, что вера в человеке растёт постепенно.

Игумен Никон Воробьев пишет: «Я всегда и поныне убежден, что ищущему Бога и желающему жить по воле Его (т.е. по совести, заповедям) - обязательно будет дано уверовать или даже больше: опытно убедиться в бытии Божием и духовного мира. Так говорит и Иисус Христос: *Ищите царствия Божия, и все* (необходимое для материальной жизни) *приложится вам.* Много примеров, да и моя личная жизнь – доказательство этому.

К сожалению, нельзя убедить другого без его собственного желания и труда».

Христианство есть живая жизнь в Боге и с Богом. Человек же постигает Бога постепенно.

Святой Исаак Сирин говорит, что *«Бог открывается по силе жития»*. Святые и праведники всю жизнь отдавали Богу и поэтому Бог много вселялся в них, освящал их и они, живя Им, ощущая Его, могли о Нём говорить.

У любого человека, даже святого, бывают минуты и часы уныния и неверия, или, лучше сказать, нечувствия Бога. Эти часы зовутся богооставленностью и они очень тяжелы. По мысли святых Варсонофия и Иоанна, демоны очень злятся на живущих для Бога и крадут у них из сердца веру. Но потом Бог снова приходит в жизнь человека. Эти тяжелые часы не длятся долго.

По мысли святого Иоанна Кронштадтского мы в это время должны помнить, что если вера пресеклась в нас, то она сияет в миллионах сильных христиан. Если мы не ощущаем Бога, это не значит, что миллионы христиан его сейчас не ощущают. Мы в это время должны положиться на их живое ощущение Бога. Оно было и у нас, мы можем его вспомнить, хотя в такие моменты это и трудно. Дело в том, что душа, пребывая во мраке, не помнит, как ей было во свете. И наоборот.

Нельзя вступать в противоречие с мыслями неверия и сомнения, так как они от врага. Но читать в это время жизнеописания современных подвижников и молиться.

Святой Исаак Сирин, которому тоже было знакомо такое состояние, советует упасть на колени, и, склонив лицо к полу, с тихим (в смысле не громким) криком обращаться к Богу до тех пор, пока Он не избавит от чёрной тучи неверия.

Софроний Сахаров рекомендует кроме этого способа ещё и Иисусову молитву.

Если же ничего вообще не помогает, то, по совету Иоанна Лествичника, нужно лечь и поспать и, возможно, наутро всё будет совсем по-другому.

Это связано ещё и с тем, что, когда мы устаём, врагу легче подбираться к нам с мыслями, а уставать нам в жизни приходится постоянно.

В любом случае избавление рядом с нами. По слову святого Иоанна Кронштадтского, бывают в жизни христианина часы безверия и уныния, когда в душе совершенно нет ощущения присутствия Бога, но скоро Господь опять возрадует эту душу. Он рядом, просто даёт нам возможность побороться с Его врагом и выстоять.

Вера есть реальное ощущение духовной реальности, с которой до нас соприкоснулись сотни миллионов людей. Мы можем полагаться на их опыт. И просить святых на небе и праведников на земле, чтобы они о нас в это время молились.

Очень помогает в этот момент и крестное знамение.

Святой Исаак Сирин: «Прежде искушений человек молится Богу, словно некто чужой. Когда же впадает в искушения по любви к Богу и не позволяет себе уклониться, тогда Бог становится как бы его должником и считает его Своим другом, потому что во исполнение воли Божией он вел борьбу с врагом Бога и победил его. Вот что значит сказанное: Молитесь, чтобы не впасть в искушение. И опять, молись, чтобы в страшное диавольское искушение не впасть тебе из-за твоей гордости, но за любовь твою к Богу да содействует тебе сила Божия и посредством тебя да победит врагов своих. Молись, чтобы в эти искушения не впасть тебе из-за порочности помыслов и дел твоих, но да искусится любовь твоя к Богу, и да прославится сила Его в терпении твоем».

После этих тяжких часов человек становится ещё ближе к Богу. Человек ощущает, что мог потерять самое драгоценное, живую связь с Ним, но не потерял и выстоял и снова ощущает Божий свет.

Важно так же помнить, что подобное испытание случается со всеми христианами, имеющими живую веру. Именно на неё и нападает враг, стараясь исторгнуть её из сердца. Но ему удаётся только закрыть сердце некой чёрной тучей и мучением, временно и частично отрезать нас от ощущения Бога, то есть от живой и зрячей веры. По тому, как человеку тяжело в эти минуты, мы и узнаём, что это именно враг к нам подошел и мучает нас. Это наша битва за любимого Бога и Он победит в ней. Такие состояния не попускаются Богом надолго. За тучей придёт благодать и живое ощущение Бога. Так мы ещё раз узнаём, как хорошо быть с Богом и как плохо с Его врагом.

Святой Иоанн Кронштадтский пишет: «При неверии чему-нибудь истинному, святому ум обыкновенно затмевается, сердце неверное поражается страхом и теснотою, а при искренней вере - ощущает радость, спокойствие, широту или расширение в себе жизни, так что и ум делается светлым и далеко зрящим. Не явно ли истина торжествует над безумием сердца? Не явно ли сердце лживо? Да, страдания сердца при неверии во что-либо истинное, святое есть верный признак истины того, во что оно не верует. Сердце само умирает, подвергая сомнению истину, посягая на уничтожение того, чего нельзя уничтожить, тогда как расширение сердца, при искренней вере, есть тот же верный признак истины того, во что ты веруешь, потому что предмет, в который мы веруем, сообщает жизнь нашему сердцу и обновляет, усиливает эту жизнь. Всякая ложная мысль в самой себе носит доказательство своей ложности. Это доказательство - смертельность ее для сердца; *мудрование плотское смерть есть* [Рим. 8, 6]. Равно всякая истинная мысль заключает в себе самой доказательство своей истины. Это доказательство - животворность ее для сердца; *мудрование духовное - живот и мир* [там же], говорит Апостол.

Мучение, сопровождающее мысли неверия, само по себе и есть доказательство ложности неверия. Этот факт утешает сердце.

Святой Иоанн Кронштадтский советует, насколько это возможно, не обращать внимания на мрак и молиться Богу, зная что всё это скоро пройдёт.

Святой Иоанн Кронштадтский пишет об этом: «Во время молитвы бывают иногда минуты убийственного мрака и стеснения сердечного, происходящих от неверия сердца (неверие - мрак). Не малодушествуй в эти минуты, но вспомни, что если пресекся свет божественный в тебе, то он сияет всегда во всем блеске и величии в Боге, в Церкви Божией, небесной и земной, и в мире вещественном, в котором видимы *Его присносущная сила и Божество* [Рим. 1, 20]. Не думай, что изнемогла истина: она никогда не изнеможет, потому что истина – Сам Бог, и все существующее в Нем имеет свое основание и причину, – изнемогает в истине только твое слабое, грешное, темное сердце, которое не всегда может переносить напряжение света ее и не всегда способно вместить чистоту ее, – только тогда, как оно очищается или очищено от греха, как первой причины духовного мрака. Доказательство тому всего ближе взять от тебя самого. Когда свет веры или истины Божией живет в твоем сердце, тогда оно покойно, твердо, сильно, живо; а когда он пресечется, тогда оно беспокойно, слабо как трость, ветром колеблемая, безжизненно. Не обращай внимания на этот сатанинский мрак. Прогоняй его от сердца знамением животворящего Креста».

По мысли отцов и по нашему опыту в подобных состояниях может быть и наша вина. Например, такое мрачное обстояние попускается Богом за гордость сердца или за вражду против кого-либо. Имеется ввиду вражда нераскаянная и гордость, в которой человек желает пребывать. Часто случается, что ни эту гордость, ни эту вражду человек не заметил бы, если бы не мучающее сердце тяжелое состояние. Стоит только покаяться и попытаться смириться или простить своего врага, как туча обступившая сердце начинает рассеиваться. По этой причине святой Исаак Сирин советует в подобных состояниях человеку убегать в смирение. Но и прощение тоже помогает.

Но это, очевидно, крайние случаи. Чаще всего искушение неверием постигает человека старательного, любящего Бога, живущего для Него.

Поэтому, когда находит туча неверия и сердечной муки, нужно говорить Господу о том, что с тобой происходит. Господь избавит нас от сердечной тяжести. И тогда, сразу или постепенно, отступает враг и его мрак.

Важно так же знать, что такие состояние не длятся долго, хотя оно очень мучительны и трудно выносимы. Потому святые отцы сравнивали борьбу против плохих мыслей и чувств с мученичеством, настолько эта борьба нас разрывает и терзает изнутри.

Старец Софроний Сахаров так описывал постепенность восхождения в вере: *«Правильная духовная жизнь может быть начата только тогда, когда душа утверждается в вере, и хотя бы это была ещё вера несовершенная, то есть от слуха только, но необходимо, чтобы душа с несомненностью принимала учение церкви и её святых отцов. Когда же душа по дару благодати ощутит истину, тогда она становится непоколебимой в вере и самая вера тогда становится другою, то есть верою опыта, ведения, но и здесь существует известная постепенность восхождения».*

Обратим внимание на эту постепенность восхождения. Она присутствует даже в жизни святых, и это связано с тем, что есть вера по сути своей – вселение благодати в человека.

Митрополит Вениамин Федченков говорил: *«Про всякое познание можно сказать: оно происходит от бытия»*.

Это означает, что вера касается собой реальности мира, но только мира духовного. Его несомненность – основание веры. Вера не есть только лишь принятие вероучительных истин, но восприятие их благодатным сердцем. Не только человек ищет Бога, но и Бог ищет человека.

Есть разные степени веры: вера от слышания и вера от опыта. Это можно объяснить на примере. Представьте, что у вас есть несколько друзей и каждый из них говорит, что побывал в Африке, рассказываая вам, какая она. Первый говорит: «Животные там такие, люди такие, а растения такие». Другой говорит: «Нет! Животные там вот такие, растения этакие, а люди вот такие». А третий вам говорит: «Всё совсем не так! Растения там квадратные, животные треугольные, а людей там нет вообще». И вы не знаете, кому из них верить. Но если вы сами побываете в Африке, тогда вам не нужны рассказы, потому что вы всё тогда знаете сами. Собственно, человек должен научиться именно такой вере – вере из опыта. И святые люди, которые тоже постепенно учились верить, советуют нам, как этого достичь.

Когда Христос собирался исцелить какого-нибудь человека, он спрашивал: «Веруешь ли, что Я могу это сделать?». И человеку приходилось прикладывать усилия, но и Сам Христос ему помогал.

Вера не нечто противоположное познанию, но особый род познания.

Протоиерей Валентин Свеницкий: *«Вера есть высшая форма познания, особое восприятие, таинственное* *и непостижимое в нас, превышающее все остальные формы познания и включающее их в себя».*

Протоиерей Владислав Свешников: *«Вера есть орган мистической интуиции, которым познается Бог и осуществляется онтологическая связь с Богом».*

Старец Илий Оптинский говорит, что вера – величайший Божий дар и даётся она за нравственную чистоту. И действительно, чем грешней человек, тем менее он чувствует Бога. Это потому что, как сказал блаженный Феофилакт Болгарский: *«Вера живущая в Христианине есть Христос».* Насколько Он в нас, настолько сильно мы и веруем. А Он может быть только в чистом сердце, или, по крайней мере, очищающем себя от страстей.

Святой Игнатий Брянчанинов говорит: *«Высокое состояние – ощущение присутствия Божия!.. Ощущение присутствия Божия доставляется внимательною молитвою. Много способствует к приобретению его и благоговейное предстояние пред святыми иконами».*

Самое удивительное в православии – живое богообщение с Живым Богом. Не выдуманные переживания, а живое общение, которое наполняет душу миром и радостью. И в добрых делах мы встречаемся с Богом, и в церковных таинствах и в молитве.

«Блаженны чистые сердцем, ибо они Бога узрят» (Мф 5:8). Это православный способ общения с Богом.

Но если душа повреждена она, пока повреждена, не ощущает небо. Тут помогает исповедь.

Даже святой Амвросий Оптинский говорил, что, когда человек долго не исповедовался, то он не знает, что тому человеку сказать. А ведь Амвросий был старцем, которому было открыто устроение души человека. Но даже он видел, что совет не поможет, пока человек не возжелает перемены.

Поэтому Блез Паскаль советовал людям укрепляться в вере не умножением доказательств, но уменьшением грехов.

Однажды мне пришлось говорить с неким протестантом об иконах. Серьёзные аргументы в защиту иконопочитания он не принял. Мне было его жалко и пришла мысль в голову: предложить ему посмотреть на икону Спасителя, которая у меня была с собой.

Он смотрел долго и я спросил его, что он чувствует? И он сказал: «Чувствую, что я грешник».

Это всё говорит о том, что не только мы пытаемся прийти к живому чувству живого Бога, но и Сам Бог тоже пытается прийти к нам.

В Новом Завете есть такие слова Христа: «Стою у двери (человеческого сердца) и стучу». И Он ждёт, кто Ему откроет, чтобы войти к тому, кто открыл.

Святой Иоанн Златоуст говорит: *«Христос первый искал дружбы апостолов»*.

И Он первым ищет нас и уже сейчас пришел к нам и действует в нашей жизни, хотя мы этого не всегда видим. Он не скрывает от нас путь к зрячей вере, но люди редко этого пути хотят, потому, что они ищут чего-то от Бога, но не Самого Бога. В любом случае, как говорит старец Иоанн Крестьянкин: *«Христос действует в твоей жизни не с того момента, как ты об этом подумал»*.

Святой Силуан Афонский говорил, что одно дело веровать в Бога, а другое – знать Бога. Он считал, что Святая Троица познается только через переживание любви и открывается нам посредством Святого Духа, Который есть Свет, поскольку по праву Он есть любовь. Знание Бога есть встреча «лицом к лицу».

Вот как говорит об этом старец Софроний Сахаров: *«Дух человека, всту-пающий в мир Божией вечности, бывает потрясен величием открывшегося ему видения»*.

Священномученик Арсений Жадановский говорил так: *«Вера, как и любовь, не даётся сразу и легко; её нужно искать, её нужно добиваться, и только со временем, по-*

сле усиленного духовного делания, вера овладевает всем нашим внутренним существом и делается для нас жизненным нервом, целию нашего бытия».

Схиигумен Савва Псково-Печерский был уверен: *«Вера твоя должна укре-пляться от частого прибегания к покаянию и молитве, а также от общения с людьми глубокой веры».*

И у старца Паисия Афонского мы находим совет: *«Вера усиливается молитвой. Человек, не возделавший в себе веру измлада, но расположенный к этому, может возделать её молитвой, прося у Христа прибавить ему веру».*

Вера здесь везде понимается, как живое ощущение Бога, порождаемое Его присутствием в человеке.

Все эти святые и старцы говорят, что вера растёт постепенно, и условие роста – жизнь по вере, которая предшествует вере зрячей.

Святой Иустин Сербский говорит удивительные слова: *«Если хочешь узнать от Бога ли эти заповеди, начни исполнять их и узнаешь, от Бога ли они».*

Исполнение заповедей и покаяние очищает наше сердце, постепенно мы становимся храмами Духа Святого. Это и есть вера.

Молитва укрепляет веру. Интересно, что когда мы начинаем молитвенный путь, у нас ещё нет зрячей веры (исключения тут редки) но годы молитвенной жизни делают своё дело и вера становится более зрячей.

Что зрит зрячая вера? Бога – вселяющегося в человеческое сердце делами и таинствами, молитвой и покаянием. Христос говорит, что «Царство Божие внутрь вас есть» (Лк 17:21).

Святой Тихон Задонский прямо связывает веру с покаянием.

Однако, кроме грехов препятствует вере и враг. Он пытается выкрасть веру из сердца. Такую борьбу он ведёт абсолютно со всеми людьми, даже со святыми. Святые тоже боролись за свою веру. Вот слова об этом святого Иоанна Кронштатского:

Святой Иоанн Кронштатский: *«В обыкновенных предметах человеческих - узнал раз хорошо какой-либо предмет и часто на всю жизнь знаешь его хорошо, без помрачения познания о нем. А в вере не так: раз познал, ощутил, осязал, думаешь: всегда так будет ясен, осязателен, любим предмет веры для души моей; но нет: тысячу раз он будет потемняться для тебя, удаляться от тебя и как бы исчезать для тебя, и что ты прежде любил, чем жил и дышал, к тому, по временам, будешь чувствовать совершенное равнодушие; и надо иногда воздыханием и слезами прочищать себе дорогу, чтобы увидеть его, схватить и обнять сердцем. Это от греха".*

Как мы видим, даже святому Иоанну приходилось бороться за зрячую веру.

Святой Макарий Оптинский так же рассуждает об этом: *«Пишешь, что, как легкое облако, находит неверие о Боге и о будущем. Этот помысл причисляется св. Димитрием к хульным помыслам. Ибо в них наша воля не соглашается, а только враг наводит на помысл неверия. Человек этого не хочет и не виноват; а думает, что виноват, смущается и сим больше веселит врага и дает ему повод к приступу. А когда будешь презирать это и не считать за грех, то и он постыдится и отыдет».*

То есть нам не надо бояться мгновенно набегающую на нас тучу неверия, зная, что это от врага – продолжать молиться, и враг отступит. Помогает и память о тысяче святых, встретивших Бога ещё при жизни. Полезно в такие моменты прочитать жизнеописания современных святых и подвижников, это тоже укрепляет, можно почитать творения святых отцов. Если состояние неверия продолжает длиться – нужно его исповедовать. Нельзя бояться исповедать вражьи помыслы неверия, чтоб они в нас не закреплялись.

Мы должны понимать, что помыслы неверия во что-то божественное и церковное – от врага.

Одному моему знакомому молодому человеку враг стал вкладывать помыслы против почитания креста. Этот человек ещё не знал истории Церкви, не знал истории почитания креста, которое утвердили апостолы и проповедали их ближайшие ученики. Он не принимал вражьи помыслы, но очень страдал от них. И Бог послал ему утешение. Когда в его храме все пришедшие после службы подходили целовать крест, одна женщина не смогла подойти, её отбрасывало от креста далеко – она была одержимой. Так Господь показал страдающему человеку силу креста.

Мы должны твёрдо знать, что даже самая малая частица нашей веры изошла от Троицы и проверена опытом сотен миллионов святых и праведников. Например, мы верим в Троицу. Почему? Потому что Христос нам открыл Бога как Троицу. Но ещё и потому, что святым Бог являлся именно как Троица. Святому Симеону Новому Богослову, митрополиту Вениамину Федченкову, святому Александру Свирскому. То есть Бог всем святым имеющим опыт богообщения открывает Себя именно как Троица.

Митрополит Вениамин Федченков рассуждая о помыслах неверия говорит так:

«Недостаточно опытные люди, впадая в сомнение, думают, что они будто бы становятся неверующими и от этого весьма мучаются.

Непонятность для нас чего-либо или непостижимость – не есть еще небытие

Нам хочется освободиться и от этого состояния. Как же это достигается? – Различными способами: опыт подвижников указал нам несколько путей.

Во-первых, не берись даже! И – вот почему. Помня очень ясно, что сомнения происходят не от ума, не от нашей воли и что они (это – ясно) стоят пред совершенно непостижимыми для ума предметами, – и не трать напрасных, бесполезных усилий: они – невозможны! Это было бы подобно тому, как если кому захотелось бы "понять", например, конечность или бесконечность пространства и времени; или – поднять себя самого за волосы; или – рукою снять с неба звезду и т. п.

Во-вторых, не обращай на сомнение внимания; или, как опытные люди говорят – "пренебрегай" такими искушениями (страха). Из житий обычно приводится в пример такой случай. В одном монастыре был неопытный, но пугливый послушник. На него напали "хульные" (их так называют) помыслы неверия. Он так был испуган, что не осмелился даже объявить об этом своему старцу или игумену, опасаясь, что его за это выгонят из монастыря. Старец, видя печальное его лицо, спрашивает, что с ним. – Но послушник лицемерно отвечает: "Ничего, хорошо".

Через некоторое время тот опять спрашивает: в чем причина? Послушник снова скрывает, что у него на душе. Старец спрашивает его в третий раз и велит ему открыть свою душу.

Тогда послушник со страхом падает ему в ноги и рассказывает свое долговременное мучение. Старец велит ему раскрыть на груди одежду. Раскрыл.

– Стань против ветра! – Он стал.

– Ты можешь запретить ветру прикасаться к груди твоей?

– Нет!

– Так знай: и мы не можем запретить злому духу к душе нашей! – и послушник успокоился; между тем доселе он мучился несколько лет.

В этом случае мы упомянули уже и о лукавом (о чем будет речь еще дальше), но сейчас нам важно наставление отцов: не обращать внимания на эти пугающие чувства и мысли.

Если же и это не успокоит нас, то отцы советуют помолиться, просить Божьей помощи. И хотя в этом и великая сила, но иногда, по особому Промыслу Божию, молитва не действует сразу.

Большею же частью скорое обращение с молитвой к Богу – хотя бы с краткой, мгновенной просьбой, или – с одним словом "Господи", тотчас возвращает мир. Если же он еще не водворяется в сердце, то – по какому-либо особому Божественному промышлению; и тогда нам следует терпеть эту тугу, пока она не пройдет или же не вскроется какая-либо особая цель этого».

Нам важно знать, что не только мы пытаемся научиться верить, но и светлый духовный мир старается нас этому научить именно путём обоженья, стяжания благодати.

Обыкновенно, вера даёт душе нашей мир, радость, а неверие – беспокойство, тоску, муку. И о.Иоанн Кронштадтский такой мир считал ясным свидетельством бытия и действия на нас Бога. Так же думаем и мы: кто переживал, хоть недолго, состояние неверия, знает это по опыту.

Причём, как правило, кроткий Господь укрепляет людей малыми событиями, которые в это момент имеют для человека большое значение.

Приведу пример:

Живёт на свете православная женщина библиотекарь и воспитывает маленького внука. За три дня до зарплаты у неё закончились деньги и вся еда в холодильнике тоже закончилась. Она не знала, что ей делать и чем кормить сына. И вдруг звонок в дверь – за дверью стоит соседка с кастрюлей пирожков и говорит: «Вот, после дня рождения остались, а девать некуда, может ты доешь?».

«Мы говорим о том, что знаем, и свидетельствуем о том, что видели...» (Ин. 3, 11).

До нас сотни миллионов людей уже встретили Бога в своей жизни, общались с Ним, жили Им.

Святой Силуан Афонский: *«Душа, познавшая Господа, невидимо ощущает присутствие Создателя своего и бывает в Нем зело покойна и радостна. И чему можно уподобить эту радость? Она подобна тому, как если бы возлюбленный сын из далекой страны, после долгой разлуки вернулся в свой отчий дом и в сытость беседует с дорогим отцом и с любимой матерью, и с милыми братьями и сестрами».*

В сомнении мы всегда можем положиться на опыт тысячи святых и праведников, которые познали Бога, и поэтому, даже сомневаясь нужно не бояться, а молиться.

О. Сергий Булгаков *«Итак, в основе религии лежит пережитая в личном опыте встреча с Божеством, и в этом заключается единственный источник её автономии. Как бы ни кичилась мудрость века сего, бессильная понять религию за отсутствием нужного опыта, за религиозной своей бездарностью и омертвением, т. е. которые однажды узрели Бога в сердце своем, обладают совершенно достоверным знанием о религии, знают её сущность»*

О. Владимир Зелинский (Италия) об опыте о. Льва Жилле:

«В мае 1936 года на берегу Тивериадского озера его охватывает переполняющие его чувство Присутствия.

Не приняв ни формы, ни образа, оно захватывает его целиком. Лев Жилле ощущает себя покоренным, пронизанным светоносной силой, подобно Савлу на пути в Дамаск. Эта пронизанность, покоренность отзовётся потом во всём, что он будет говорить и писать. И станет невидимой основой его веры. В различные моменты своей жизни Лев Жилле, по его словам, ощущал свой контакт с трансцендентной реальностью, которую ему дано было слышать, безо всякой звуковой формы, но с совершенной достоверностью соприкосновения с ней. И слова, воспринятые им тогда, указывали ему путь в решающие моменты его жизни».

Старец Эмилиан Вафидис:

«Чтобы обрести переживание Бога, надо пережить тысячу мраков Его отсутствия и Его незримости. Когда же ты через это получишь опыт собственного незнания Бога, полной Его незримости, когда ты почувствуешь, что погружен во мрак своей греховности и осознаёшь полное безсилие, ты удостоишься получить в качестве приданного Божественную благодать».

– Как ощущаешь Бога?

– Иногда как необыкновенное томление, превосходящее всё своим горением. А иногда что-то глубинное отвечает в тебе, и ты знаешь Его близко, хоть и не можешь ощутить Его. Ты видишь только Его знаки, рассыпанные на пути, и знаешь, что это путь к Нему.

– Даже так?

– Даже так, абсолютно! Бог не оставит тебя мучиться, если ты ищешь Его. Он тоже придет к тебе».

Великие слова Старца Эмилиана Вафидиса о таинстве обретения веры:

«Поэтому Гора придерживается единой вековой традиции для того, чтобы надежно владеть тем, что имеет. Поэтому следует доверять Святой Горе, ибо она не учит тому, что появилось лишь сегодня. Она авторитетна, ибо свидетельство ее доходит до Христа. Она имеет и дает жизнь, а жизнью является Сам Бог, твой Бог!

В Писании сказано: Светильник Господень - дух человека, испытывающий все глубины сердца (Притч. 20:27). Ты слышишь? Свет Божий есть наше дыхание. То есть мы бы умерли без света Бога, пускай незримого. Следовательно, ты обладаешь светом и должен верить в то, чем обладаешь, ибо это поставит тебя когда-нибудь одесную Бога. Достаточно помнить это и знать об этом: как дыхание, он войдет в тебя и наполнит жизнью. Но может быть, у тебя нет дыхания? Есть! Нет света? Нет Бога? Это невозможно. Твое дыхание скрывает свет. Задержи дыхание – ты задержишь Бога! Бог поселился в нас, исследует глубины нашей души и видит наши желания.

Один монах сильно страдал, ибо его старец чувствовал переживания Бога, а сам он – нет. И знаете, что он сделал? Он упал ниц, склонился на колени и стал целовать землю, скамью, дверь кельи старца и все, что там было, говоря: «И здесь есть Христос - я целую Христа».

Другой целовал осла, который поднимал его в гору, и припоминал слова о том, что Бог дает отдохновение труждающимся и обремененным.

Поцелуй и ты землю, по которой ходишь ты, твоя жена, муж, ребенок, то место, где ты молишься, где воскуряешь фимиам, где плачешь. Почувствуй Христа и облобызай место, где это произошло, где Бог пришел.

Святая Гора показала нам, что благодать Божия действует повсюду. Вы знаете, как называет Иоанн Дамаскин Божественную благодать? «Прыжок Божий». Там, где сидишь ты, где годами ждешь Бога и не находишь Его, вдруг Он выявляется и входит в тебя, заключает в Свои объятья, целует, наполняет дыханием, воздухом, любовью, бытием, Своей Триединой сущностью.

Насколько просто подпрыгнуть человеку, настолько легко «спрыгнуть» и Богу и войти в нашу жизнь. Как Он сходит на вершины Афона, как восходит на лодки и в пещеры, в ущелья и повсюду, улавливая желания, страдания и слезы святогорцев, так слышит Он и последний крик твоей души, нашей души».

Святой Силуан Афонский пишет: *«Гордость не дает душе вступить на путь веры. Неверующему я даю такой совет: пусть он скажет: "Господи, если Ты есть, то просвети меня, и я послужу Тебе всем сердцем и душою". И за такую смиренную мысль и готовность послужить Богу Господь непременно просветит. Но не надо говорить: "Если Ты есть, то накажи меня", потому что, если придет наказание, ты, быть может, не найдешь силы благодарить Бога и принести покаяние».*

Всё это ещё раз показывает, что мы драгоценны для Господа, любимы Богородицей и святыми и они все помогают нам, чтоб на нас исполнилось желание Божие, о котором святой Максим Исповедник сказал: *«Бог непрестанно хочет вочеловечиться в нас».*

Апостолы просили у Христа: «умножь в нас веру». И Сам Христос говорит: *«Просите, и дано будет вам»* (Мф 7:7). И, конечно, когда мы просим, чтоб Он укрепил нас в вере, Он не откажет, как говорит святой Иоанн Златоуст: *«Невозможно, чтобы тот, кто искал чистоты или любви, или веры не нашёл её»*

Святой Силуан Афонский пишет: *«Ты спросишь: "Но как можно знать Бога?" А я говорю, что мы видели Господа Духом Святым. И ты, если смиришь себя, то и тебе Дух Святой покажет Господа нашего; и ты тоже захочешь кричать о Нём всей земле».*

Для обретения зрячей веры человеку необходимо стяжать благодать. Рассмотрим теперь способы, с помощью которых это возможно сделать.

Есть несколько способов почувствовать Бога:
1. Молиться с вниманием к словам молитвы.
2. Смотреть на икону, которая вам нравится.
3. Совершать добрые дела.
4. Участвовать в таинствах церкви.
5. Пережитое страдание

Может ли тот, кто не чувствует Бога или имеет очень слабое чувство твёрдо надеется, что, если он ищет, то придёт к живой вере? Может. И уверенность эта основана на том, что мы Богу нужны задолго до того, как начали Его искать и Он Сам хочет войти в нашу жизнь, чтобы стать её светом и содержанием. Как бы ни было трудно нам на пути обретения веры, мы всегда можем положится на слова Христовы: *«Идущего ко Мне не изгоню вон»* (Ин 6:37).

ПОМЫСЛЫ

Однажды я разговаривал с неким церковным человеком и тот никак не мог понять, почему один современный замечательный подвижник, священник Аркадий Шатов, человек, который занимается больными людьми, делами милосердия, когда к нему пришёл некий бандит и предложил взять денег на храм ответил, что на храм такие деньги, согласно канонам, брать нельзя, а вот на детский дом он их возьмёт, может быть за эту жертву бандиту что-нибудь простится. И человек, который слушал эту мою историю, совершенно не мог согласиться с поступком Аркадия Шатова. Но сам Аркадий человек действительно бессребренический, милосердный, не видел здесь никакой проблемы. Возникает вопрос: в чём же дело? Почему для одного, скажем так, слушателя этой истории проблема была, а для священника проблемы не было. Дело было именно в помысле, как человек видит этот мир – таков он и внутри. А каков он внутри можно узнать по тому, какие мысли или, говоря церковным языком, помыслы он принимает.

Многие подвижники, старцы и святые считали, что каковы наши помыслы, такова и наша жизнь. Проблема помыслов всецело связана с проблемой духовного наставничества. Отцы-аскеты, такие как Иоанн Лествичник, Авва Дорофей, святые Колевады, отцы Добротолюбия и многие другие были уверены, что у человека мысли возникают из трёх источников: от него самого, от ангелов и от демонов. Но сам по себе человек может различать, откуда пришла мысль только после долгой и сложной подготовки в различении добра и зла. Какого рода эта подготовка? Эта подготовка есть общение с духовным наставником, который способен выслушивать, какие мысли приходят в голову его ученику и эти мысли оценивать. Это в традиции называется исповедь помыслов.

Авва Дорофей говорит по этому поводу так: «Нет несчастнее и ближе к погибели людей не имеющих наставников пути Божия. Видел ли ты павшего, знай, что он последовал самому себе. Нет ничего опаснее, ничего губительней этого».

Но мы знаем, что мало у кого есть наставник. Можно сказать, почти ни у кого наставника, собственно говоря, и нет. Что же делать и как быть в таком случае? Здесь я бы сказал две вещи. Во-первых, пока нет наставника, человек может, как писал об этом Игнатий Брянчанинов общаться и обращаться к какому-то духовному другу, который может выслушать его проблему и дать ему мудрый совет. Это один из способов решения проблемы. Но всё равно остаётся вопрос: где же найти наставника? И вот здесь можно вспомнить, как у старца Ефрема Ватопедского журналист из Сибири спрашивал: «Вы живёте на Афоне, и понятно, что на Афоне наставники есть. Но где найти наставника в Сибири, где до Афона лететь столько же, сколько до Америки? Какие там могут быть наставники в Сибири, ведь понятно, что никаких. И старец Ефрем сказал: «Вы мыслите не так, как я. Вы мыслите, как обыкновенный человек, для которого есть проблема. А я думаю, что если человеку нужен будет наставник, то Бог его к этому наставнику приведёт, какое бы расстояние их не разделяло». Так же по этому поводу и старец Дионисий Каламбокас говорил: «Если человеку нужен будет наставник, что если человек дорастёт до наставника, то Бог с одного конца Земли возьмёт этого человека и поставит его перед наставником».

Из своего опыта я вижу, что все те люди, которые дорастали до наставников, наставников находили. И этими наставниками оказывались кто-то их афонских старцев или старцев афонской традиции, которые живут в Европе, в Америке, в Англии, в Греции. В итоге человек до этих старцев добирался по интернету, как правило, потом лично приезжал, общался, письма писал, продолжал писать. В итоге эта проблема действительно как говорил старец Ефим Ватопедский, решалась. Человек находил себе наставника. Мысль о том, что Бог не пошлёт наставника, с точки зрения древних святых отцов, считалась безосновательной. Симеон Новый Богослов утверждал, что каждый, кто ищет святого человека, у которого он хочет наставляться – найдёт такого человека, потому что Бог праведен и не может отказать в такой важной вещи. Интересно, что Феофан Затворник называл наличие наставника «одним из четырёх обязательных условий для спасения», наряду с участием в таинствах и так далее. Любой человек, который это слышит, может испугаться, потому что наставников почти ни у кого нет. Тем не менее, каждый человек может дорасти до наставника, так как человек растёт. И в итоге любой, кто этого ищет, находит. Наставник помогает человеку разбирать его мысли: какие достойны, какие недостойны; с какими идеями лучше сейчас повременить, а что делать сразу – и так далее.

Эту культуру борьбы с помыслами в совершенстве разработали монахи уже с первых веков христианства, начиная с IV века. Они и сами много боролись с мыслями. Они знали необходимость этой борьбы и поэтому с самого начала помогали бороться с мыслями тем, кто к ним приходил. Помогали разбирать эти мысли, разбираться в мыслях. А ведь приходили к этим христианам первых веков, к монахам, к подвижникам люди из городов и селений. И речь в основном шла о борьбе с мыслями и о том, как эти мысли разбирать. Это то, чем занималось старчество, чем оно занимается и сейчас. Потому что старчество, институт старцев современен монашеству, а монашество в том или ином виде совечно церкви. Старчество легло в основу всего строя древнемонашеской жизни. Игнатий Брянчанинов называет наличие старцев в монастыре одним из двух необходимых условий для того, чтоб монастырь вообще был монастырём. А второе условие – это чтобы в этом монастыре жили согласно святоотеческому преданию. Чтобы в нем не номеров боялись и не клюкву растили, а жили в Духе Святом. Такое старчество существовало и в мужских и в женских обителях. И это явление считается нормальным, например, в Греции или в Европе, где монастырь возникал всегда вокруг старца. Так было и в древности на Руси, когда монастыри возникали допустим, вокруг Сергия Радонежского или его учеников. Но в последствии, в Синодальную эпоху всё это изменилось. Теперь уже в течении пяти столетий монастыри назначаются административно. То есть, построен монастырь и административно на территории РПЦ ставится какой-то начальник, игумен. Но такой игумен неопытен, он сам не является старцем, не является подвижником, не знает чему научить других. А в монастыре главное – это святой человек, который научит тех, кто в нем живёт. И поскольку такого святого человека в монастырях РПЦ нет, единицы только, в Псково-Печерском, допустим, монастыре, то все эти древние обители, которых уже около тысячи на Руси стоят просто как архитектурные памятники или как колхозы, но пользы от них никакого. Важным моментом является, что путь монаха отличается от пути мирянина только тем, что один женится, а другой нет.

Во всём остальном, как говорит Иоанн Златоуст «они должны взойти на одинаковую высоту святости». Поэтому то, что монахи-старцы первых веков говорили для монахов-послушников, одинаково ценно для всех христиан вообще, потому как все христиане должны взойти на одинаковую высоту. Поэтому к монахам и старцам приходили и приходят до сих пор, и будут приходить многие женатые христиане или желающие вступить в брак или допустим, те, у кого брак был совершенно неудачным. С другой стороны есть старцы и наставники, которые не были ни монахами, ни священниками. Допустим, святой Павел Таганрогский, святая Матрёна Московская, мученик Иосиф Муньос, Александр Кирилло-Белозерский. Все они умели принимать исповедь помыслов, все они могли помочь другому человеку разобраться с мыслями. Они были чудотворцами, их молитва помогала людям, но они не были ни монахами, ни священниками. И, конечно, старчество существует и в женской форме, бывают не только старцы, но и старицы, женщины, которые несут эту благодать различения мысли. Чистота мысли, которая способна различать помыслы даётся только тем, кто её ищет – это особый дар, которого, как говорит Софроний Сахаров «может не быть даже у мученика». Потому что он даётся только за борьбу со своими мыслями под руководством какого-то опытного наставника. Поэтому опытные наставники не советовали никому из христиан оставаться без руководства, без какой-то помощи со стороны или разрывать связь со своим наставником пока тот жив. Обращая речь к настоятелю монастыря, у которого не было старца, Иоанн Лествичник говорил: *«Не почитай для себя неприличным приносить исповедь своему помощнику как Богу со смиренным духом»*.

Настоятель одного монастыря, по рассказу Иоанна Мосха, древнего подвижника, ходил к отшельнику и открывал свои помыслы. То есть, старец или наставник был необходим этому монаху и всем вообще на всех ступенях подвижнической жизни, во всех формах этой жизни, в том числе необходим и любому человеку, живущему в мире. Выбор старца, выбор наставника считался неотъемлемым и изначальным правом любого христианина. Каждый из нас сам выбирает духовника, наставника, одного из многих подвижников кого он знает или того, к кому его жизнь приводит и хочется выбрать именно его. Потому что такой выбор есть таинство. Как брачная жизнь, выбор жениха и невесты. Василий Великий так характеризует истинного наставника: «Истинный наставник должен украшаться длинным рядом добродетелей: чтобы в делах своих имел свидетельство любви своей к Богу, был не рассеян, не сребролюбив, не озабочен многим, безмолвен, боголюбив, нищелюбив, не гневлив, не памятозлобив, не тщеславен, не высокомерен, не льстив, не изменчив, ничего не предпочитал бы Богу». Кроме того, конечно, такой настоящий наставник имеет сострадательную молитву о других людях. Мы знаем, что Христос исполнил не все молитвы. Он не послушал Петра, который просил Его сойти с Крестного пути. Он не явил знаменья иудеям, Он не наказал тех, кто обидел апостолов на пути в Иерусалим. Но была молитва, которую Христос исполнял всегда – это просьба кого-то любящего о ком-то любимом, чтобы любимому стало лучше, чтоб тот исцелился, чтоб радость, свет пришёл в его жизнь. Поэтому Джон Толкиен говорил: «Наш Господь с каким-то удивительным чувством исполняет молитвы самых меньших своих служителей, если они просят не о себе, а о других».

Возникает вопрос: как найти наставника, что для этого нужно делать? Здесь на помощь приходит Симеон Новый Богослов, у которого была концепция наставничества. Он говорит, что для того, чтоб найти святого, которому ты сможешь открыть свои мысли, который сможет тебя наставить, нужны две важных вещи. Одна из них – это молитва Богу о том, чтобы Бог такого человека открыл. Но Бог открывает его не сразу, Бог открывает его по мере готовности человека. Потому что человек может пройти мимо наставника и ничего не заметить. Я вспоминаю, как одна женщина приехала к старцу Зосиме Сокуру и когда её спросили: «Как вам старец?» она только сказала: «От него потом воняет!» Конечно, когда старцу мыться? Когда ему душ принимать? У него с утра до ночи люди! Неприятный запах – это всё, что она увидела у святого и всё, что ей запомнилось. Это значит, что человек ещё должен быть готов к тому, чтобы воспринять святого, которого он увидит. Возникает вопрос: как же его воспринять, что для этого нужно сделать? И Симеон Новый Богослов пишет: нужно нам, любому из нас, кто ищет наставника, делать добрые дела. Потому что добрые дела призывают благодать в наше сердце. И тогда мы по вкусу благодати в себе самих сумеем отыскать такого человека, который окажется действительно сосудом этой самой благодати. Мы по сходству в себе найдём святого, который будет действительно в полноте нести то, что мы уже имеем. Так рассуждает Симеон Новый Богослов и его метод безотказный.

Святые Варсонофий и Иоанн пишут так: «Надо спрашивать о помыслах того, к кому имеешь веру и знаешь, что он может понести помыслы и веруешь ему как Богу. А спрашивать другого о том же помысле есть дело пытливости и неверия. Если веришь, что Бог говорил через своего святого, то к чему здесь испытания или какая надобность искушать Бога, спрашивая другого о том же самом?»

Это важное правило: если мы уже спросили человека святой жизни о какой-то мысли, нельзя переспрашивать ещё и у другого человека святой жизни. Мы уже получили ответ от Бога и этот ответ должен быть принят. Ответ может быть и не принят нами, такое тоже бывает, но тогда уже человек берёт ответственность за неприятие Божьего ответа на себя. Конечно, это, как правило, приводит к довольно-таки тяжёлым последствиям. Хотя бывает по-разному и здесь все варианты объять невозможно.

Василий Великий говорит: «Всё, что делается без наставника – это какое-то хищение и святотатство, ведущее к смерти, а не к пользе, хотя бы и казалось тебе добрым». Потому что человек, который слушает совета святого человека подвигом отсекает свою гордость, ту часть воли, в которой есть гордость. И тогда к нам приходит воля Господня – это есть воля настоящести, воля истины. Тем более что человек, который только учится, ещё не в состоянии правильно оценивать то или иное дело с нравственной стороны. Его доверие своему помыслу является ложным знанием. Таким ложным знанием наполнен весь мир. Потому что все люди считают мысли своими, а себя самыми умными. В этом ложном состоянии пребывает всё человечество. Хотя очень многие мысли приходят к человечеству вовсе не от человека, они приходят от врага рода людского. Но люди этого не отслеживают.

Авва Дорофей говорит: «Те, кто идут сами, без наставника, они падают».

Авва Исайя пишет: *«Не стыдись обращаться с вопросами к наставнику твоему. Что ни делаешь, делай по совету отцов твоих. И спокойно проведёшь время твоей жизни».*

Нил Синайский пишет: «Когда тебе старцы предлагают совет, хотя ты и сведущ – не отвергай его».

С самого начала старцы принимали исповедь помыслов и уже первое поколение египетских подвижников принимало исповедь помыслов у горожан.

Святой Марк говорит: «Не оставляй незаглаженным греха, хотя бы он был самый маленький». Это слово относится к помыслу. То есть, какие мысли принимает человек, такой станет и его душа. Поэтому Иоанн Кассиан Римлянин пишет: *«Отвергнув стыд, всегда надо открывать старцам всё, что происходит в нашем сердце. Это надо для того, чтоб наши мысли стали Христовыми мыслями, наши чувства – Христовыми чувствами».* У древних подвижников было утверждение, что враг ни о ком так не радуется, как о человеке, который скрывает свои мысли. Или который не открывает наставнику всего, что на сердце. Поэтому проблема помыслов очень тесно связана с проблемой наставничества. А проблема наставничества связана с тем, как наставника найти. Человек может годами жить с мыслью, что из церкви ушла благодать, годами жить с мыслью, что сейчас последние времена, подвижников нет, что все священники сребролюбивы, что никто не живёт аскетично, что все другие люди плохи. Он не понимает, что эта мысль от врага рода людского. Человек всю жизнь мучается этими мыслями и не открывает их никому. Только когда осуждает других людей в чьём-то присутствии, тогда открывает, но ведь это не исповедь! Поскольку у других людей так же испорчены помыслы, то это открытие для осуждения ничего ему не даёт. Между тем можно было бы понять, что эти мысли от врага, и для того, чтобы это понять, можно воспользоваться советом Иоанна Кронштадтского.

Иоанн Кронштадтский пишет: «Всякая ложная мысль в самой себе носит доказательство своей ложности. Это доказательство – смертность её для сердца. Потому что мудрование плотское смерть есть. Равно: всякая истинная мысль заключает в себе самой доказательство своей истины. Это доказательство – животворность её для сердца. Мудрование духовное – жизнь и мир *говорит апостол*».

Этот способ повторяется у множества святых отцов в разные века, что если какая-то мысль приносит нам покой, радость, счастье, вдохновение, не смущает нас, не ужасает нас, никак не отнимает нашего внутреннего мира (если конечно, этот внутренний мир есть) – то эта мысль от Бога. А если мысль вносит хоть какое-то смущение в нашу душу, хотя бы какое-то, хотя бы малейшее – то это, несомненно, мысль от врага. Однако и здесь тоже нужен опытный советчик, потому что бывает так, что мысль злая очень усердно маскируется под хорошую. Я помню, как одна моя знакомая студентка влюбилась в женатого священника, и ей приснился в день Ксении Петербуржской сон о том, что она идёт с этим священником обнявшись по полю, всё светло и радостно. Она проснулась в радостном состоянии и долго мне доказывала, что если в день святой Ксении Петербуржской, покровительницы семей, ей приснилось, что этот женатый священник с ней, а не со своей матушкой, то значит сон настоящий и она на с этим священником поженится. Но понятно, что эта мысль была искажённой, это было ложью, хотя студентка не могла этого понять. Ей казалось, что всё правильно, всё хорошо. И она доказывала истинность этой мысли тем, что эта мысль, этот сон пришёл ей в день святой Ксении Петербуржской, которая покровительствует бракам. Таким образом, мы видим, что совет со стороны очень важен. Повторю мысль Игнатия Брянчанинова, который говорит, что пока мы ещё не нашли наставника, мы можем спрашивать совета у духовного друга. Ведь у многих из нас есть какой-то духовный друг, какой-то мудрый знакомый. Пусть этот человек мудр не во всём, но мы можем задать ему вопрос. Это может быть наш родственник или кто-то очень близкий нам, какой-то друг или, может быть, муж или жена – у всех по-разному. Мы можем его спросить, чтобы он оценил нашу мысль. Паисий Афонский говорит, что «естественным образом старцами для детей являются их родители», – если в отношениях детей и родителей нет патологий, нет садизма, издевательства со стороны родителей, каких-то сложностей со стороны детей – то тогда наставниками детей являются их родители.

Общая рекомендация такова, что от помыслов, которые от Бога, душа не смущается. Смотрите, что говорит об этом авва Евагрий Понтийский*: «После помыслов от врага рода людского душа смущена, то есть тотчас возбуждается страстями: яростью, похотью и так далее, гордыней или высокомерием, или тщеславием. Но после помыслов от ангелов, на долгое время, приобретает душа неизреченный мир, тишину и великое смирение».* Подобные мысли, повторюсь, мы находим и у других отцов. Если обобщить их учения о помыслах, то можно сказать, что когда какая-то мысль, какой-то слух, какая-то новость, пришедшая к нам из интернета, начинает мучить душу, пугать, вносить разлад, пытаться в нас внедриться и продолжает нас пугать – то к этой мысли, к этой новости из интернета несомненно примешался враг. А если бы мысль или новость были от Бога, то она бы наполнила душу миром. Так это всегда и бывает. В любом случае отцы советовали подвергнуть тревожащую нас мысль исповеди, откровению у своего наставника или друга, который поможет нам думать правильно. Потому что у врага рода людского есть две цели: стратегическая и тактическая. Первая глобальная чтобы человек не спасся, втор, чтобы каждый из нас никогда не знал радости на Земле. Для этого враг рода людского старается постоянно пугать всех нас какими-то неясными, неопределёнными страхами, неопределёнными предположениями: а вдруг с детьми что-то случится, а вдруг что-то случится с родителями, а вдруг мужа уволят, а вдруг ипотеку закроют, а вдруг не купим этот дом, а вдруг наша машина разобьётся. Увлекаясь этими неясными или ясными страхами человек никогда не бывает радостен, он всё время боится. Как и говорит Христос об этом, что «люди будут издыхать от страха и ожидания бедствий, грядущих на Вселенную» (Лк 21:26). И действительно, люди всё время чего-нибудь боятся: от атомной войны до того, что астероид столкнётся с Землёй. От глобальных вещей до каких-то локальных, что дети заболеют или будет кризис и не выплатят зарплату. Есть ли из этого состояния выход? Выход есть, и на него указывают святые аскеты разных времён: что мы никогда не должны верить слуху, новости, предсказанию, ощущению, которое пугает, мучает, угнетает душу, лишает нас той мысли, что Бог есть любовь, а любовь не может попустить зла любимому.

Через многих людей действует враг рода людского. Такие люди часто встречаются нам и в церкви, встречаются среди священников, среди монахов. И общий их признак таков: в разговоре они стараются заразить нас неуверенностью в завтрашнем дне, страхом, что завтра всё будет хуже, чем сегодня. Любую добрую новость они перетолковывают в мрачном ключе. У них всегда наготове какие-то мрачные сводки новостей, которые впоследствии никогда не оправдываются, какие-то сулящие беду предсказания, которые никогда не сбываются. Человек же Божий, человек Духа Святого наоборот, утешает людей, утешает Богом, Который каждому, кто стремится к добру и свету, готовит счастливый конец и в вечности, и в каждом малом и большом деле нашей жизни. И если каждый из нас оглянется на прежние годы и обозрит всю известную ему историю мира, то он ясно увидит, что любое попущенное Богом зло вело к большому добру. Божий человек напоминает людям об этом: в мире нет ничего не возглавленного, начало всему Бог. А у Бога есть одно желание – миловать и миловать, Ему есть дело до наших трудностей, и Он эти трудности решает, если мы не сопротивляемся. Как писал об этом фантаст Пол Андерсен: «Мне кажется, что Бог по своей милости посылает нам гораздо меньшие трудности, чем те, которые мы уготавливаем себе сами». Осознавая всё это, древние монахи придумали открывать мысли наставникам. Где-то мысли открывались каждый вечер, где-то раз в неделю. Но в целом правило таково: когда тебя тревожит какая-то мысль, ты должен раскрыть её своему наставнику. Тем более сейчас это сделать очень легко, благодаря интернету. У многих старцев есть прекрасные планшеты, замечательнейшие дорогие мобильные телефоны, благодаря которым они связываются со всем миром, с десятками тысяч людей. Сейчас всё это несложно. Главное, конечно, такого наставника найти. А пока мы его не нашли, то мы советуемся с каким-то искренним другом, с духовным другом.

Как говорит Иоанн Кассиан Римлянин: «Открывать святым отцам не только то, что делаем, но и о чём думаем. Ни в чём не доверять своему помыслу, но во всём следовать наставлениям старцев. И считать хорошим или плохим только то, что они признают таким».

Мы очень часто ошибаемся, и нам кажется верным то, что совершенно неверно.

Паисий Афонский пишет: «Главный подвиг монахов состоит в том, чтобы очищать свою душу от плохих и лукавых помыслов и иметь доброе».

Понятно, что чистота мысли нужна любому христианину, а не только монаху. Мало кто эту чистоту мысли ищет, потому что людям это кажется маловажной вещью. Но без чистоты мысли очень тяжело жить. Просто практически тяжело жить, потому что человек тогда подвержен всем страхам этого мира, всем тревожащим новостям, всем ужасам, которые на него действуют.

Приведу такой пример. Одна моя студентка как-то ехала на своей машине по Мариуполю. В тот день был дождь, а под дождём шёл монах без зонтика, просто шёл и мокнул. Она остановилась, подобрала монаха и повезла его куда-то, куда ему было нужно. Конечно, она хотела услышать от него какое-то слово на пользу души, но он начал говорить: что сам он из крымского монастыря, что он ушёл странствовать по Руси в 2004-м году. Он раздает листовки против паспортов, против патриархов, и рассказывает всем как Ельцин Россию продал. Моя студентка была человеком острым на язык, и она ему говорит: «Батюшка, дело монаха Иисусову молитву читать, а не рассказывать, как Ельцин Россию продал». И вроде бы этот монах живёт подвижнически: постится, странствует, очень суровый, мрачный, ходит под дождём, мокнет, не боится плохой погоды. Но тем не менее, он живёт в абсолютной ошибке, он живёт в абсолютной ложности, потому что все его мысли – это ложь на лжи, извращение на извращении, а он этого не понимает. Таких монахов, христиан, людей, можно сказать, девять из десяти, а может быть, девяносто девять из ста. Вообще практически все люди Земли и церкви живут в искаженности своих мыслей, но им кажется, что так правильно. Потому что они считают все мысли своими, а себя самыми умными на свете. Им даже и в голову не приходит, что они могут заблуждаться, что их мысли могут уводить их в какую-то ложную сторону.

Приведу и противоположный пример. В Свято-Николо-Васильевский монастырь к старцу Зосиме Сокуру приезжали люди и говорили: «Как у вас тут тихо! Никакой политики, никакой борьбы против паспортов как в Святогорской лавре борются. У вас только молитва, псалтырь и Божья тишина». Старец Зосима отвечал, что так и должно быть, что политика, зарплата, цены, кризисы – это несущественно. Пусть этим играются мирские, банальные люди, а мы учимся иметь ощущение Бога, мы учимся всем служить, мы учимся молиться за людей и за этот мир. Мы учимся прощать – вот это и есть стоящее занятие. Потому что единственно важно – научиться жить во Христе, смотреть Христовым взглядом, взглядом церкви на мир и на людей, важно Христовым умом думать обо всём. Не вражьим помыслом, не вражьим умом, а Божьим. И мы должны понять, что мысли очень часто навязывает враг. А оружие врага – это ложь. Общее правило таково: когда какая-то мысль лишает нас покоя – эта мысль от врага, какой бы благовидной она ни казалась.

Святой Иоанн Кронштадтский пишет: «Если ты от какого-либо движения сердечного тотчас испытываешь смущение, стеснение духа – то это уже не свыше, а от злого духа».

Приведу несколько способов, как побеждаются мысли, точнее, несколько этапов.

Во-первых, это важно признать, что в нас есть плохие мысли, что мы страдаем от навязчивых мыслей. И нужно перестать считать эти мысли своими или мыслями от Бога, потому что ничего от Бога нас мучить не может.

Во-вторых, не спорить с этими мыслями. Потому что ни один из нас, никто на Земле не может переспорить врага. Когда мы вступаем в спор с плохими мыслями, мы вступаем в спор с врагом рода людского, а он есть отец лжи. Мы не можем переспорить самого лучшего специалиста по лжи. Никогда! Мы всегда проиграем в таком споре, он всегда докажет, что всё плохо и что нас ждёт только беда. Поэтому не нужно следовать своим вниманием за смущающими мыслями, но важно отвергать их молитвой, взыванием. криком ко Христу о помощи. Нужно отсекать смущающий помысел Иисусовой молитвой.

Старец Сергий Шевич из Парижа говорил: «Повторяющиеся отсечения помысла приводит к отмиранию в нас даже той страсти, на которую этот помысел пытается нас натолкнуть». Вот настолько это сильное средство!

В-третьих, молиться до тех пор, пока не придёт покой и пока не уйдут мучающие нас мысли. Не следовать за этими мыслями. Отвергать их с просьбой Богу о помощи.

В-четвертых, исповедь и причастие. И то и другое помогает в борьбе, если мысли долго не уходят. Я помню, что когда был влюблён в одну девушку, а она мне отказала, то очень мучился и причастился три раза подряд. После первого причащения я ничего не мог думать, у меня было всё внутри темно. После второго раза я увидел, что есть какой-то свет. А после третьего я понял, что без этой девушки смогу жить дальше. Три причастия подряд разрушили нападение мыслей, нападение отчаяния. Это действенный способ, он помогает!

Пятым является опасность безделья. Безделье всегда умножает плохие мысли. Поэтому Феофан Затворник говорит, что «Половина грехов рождается от безделья».

Шестое есть совет Иоанна Лествичника, который говорит, что если вы уже всё сделали против мучающей вас плохой мысли, и исповедались, и причастились, и открыли своему наставнику, а мысль не ушла – то просто поспите. Скорее всего, когда вы проснётесь, всё уже будет иначе. Вот такой нежный материнский совет даёт Иоанн Лествичник.

И седьмое, постоянно подвергая помыслы досмотру и исповеди человек, со временем, обретает духовную рассудительность, ту самую чистоту мысли, когда он начинает видеть мир в Боге и в Божьем промысле. Это, в свою очередь, приводит к миру души.

Такой мир рождает радость, которую, по слову Христову, никто не отнимет у нас!

СТРАСТИ И БОРЬБА С НИМИ

Был у митрополита Вениамина Федченкова такой случай, когда ему пришлось испытать душевную боль. Он не мог понять, в чём дело: вроде бы и плохого ничего не сделал, вроде бы и жизнь проводил как следует, но душа страдала. Он постарался справиться с этим состоянием, как умел, и подавил эту боль, эти плохие мысли, а буквально через полчаса к нему пришла женщина с такой точно проблемой, и он уже смог ей результативно помочь. И он понял, что мы можем переживать некоторые трудности для того, чтобы помочь это самое пережить другим. Как сказано в Евангелии: «Искушён был может и искушаемым помочь».

Святой Иоанн Кронштадтский замечает: «Бог не открывает человеку греха до тех пор, пока не видит, что человек с этим грехом может справиться».

Увидеть грех – это возможность через победу над ним стать ещё ярче. Почему? Потому что путь православного человека к Царствию Небесному, к святости совершается именно в церкви. Этот путь не является выдумкой людей, он был когда-то открыт людям Христом, который сказал о себе: «Я есть путь, и истина, и жизнь» (Ин 14:6). Этот путь называется духовной жизнью. Как говорил Николай Сербский, если мы хотим вскормить младенца, то нам нужен для него и покой, и молоко, и уют, и ещё десяток разных вещей. Точно также и для духовной жизни. Нам нужно увидеть, что теперешнее состояние человека ненормально, что жизнь представляет собой цепь измен даже тем, кто нам дорог. Никаких глобальных, а вот таких повседневных, небольших измен. Как писал об этом Евгений Евтушенко: «Как любимую сделать несчастной – знают все, как счастливой – никто!» И человек должен остро пережить, что такое состояние постоянных предательств любви ненормально. Как замечал американский поэт Уолт Уитмен: «Кто идёт без любви хоть минуту, на похороны свои идёт, завёрнутый в собственный саван». И человек должен понять, что это состояние ненормально, он должен захотеть научиться любить. Честертон говорил: «Самое трудное на свете – по-настоящему полюбить тех, кого ты любишь». И тогда, когда человек замечает, что это состояние ненормально, вот тогда-то он и приходит к покаянию.

«Покаяние – пишет Исаак Сирин, – *это* вовсе не униженное состояние, это трепет души пред вратами рая», когда человек вдруг в какой-то момент замечает во Христе такую красоту, ради которой можно жить и понимает, что Христос нам отдал всего Себя, что для Бога, по слову святых отцов, душа каждого человека также дорога, как все души вместе, что ради Него, ради верности Ему можно жить. Именно таким покаянием через ощущение Бога, когда человеку открывается, где человек виновен, человек восходит на высоту святости.

Иоанн Лествичник говорит: «Если праведник молится, не ощущая себя виноватым, то молитва не приемлется Богом». При этом это ощущение себя виноватым вызывается не искусственно, не так как у нас считается, что человек должен просто автоматически говорить сам себе, что я плох. Нет! Когда человек ощущает Бога, то он естественным образом чувствует, что Бог слишком прекрасен, что человек до Бога ещё не дорос. И это вызывает, трепет души пред вратами рая. Был такой момент в жизни Амвросия Оптинского, когда к нему пришла одна его духовная дочь, и он ей все эти вещи пытался рассказать: что такое покаяние, как оно по-настоящему происходит. Но эта девушка никак не могла взять в толк, что собственно святой Амвросий хочет сказать, потому что она привыкла к пониманию покаяния, что это непременно какой-то самоуничижительный процесс, это какое-то втаптывание себя в грязь. Тогда святой Амвросий встал с дивана, (а он всегда принимал людей лёжа на диване), поднял руки к небу и как в фильме, когда Гэндальф вдруг вырастает, становится громадным, а Бильбо как бы съёживается. Вот такое происходит в келье святого Амвросия, только уже не в фильме, а по-настоящему. Духовная дочь очень испугалась, а святой Амвросий говорит: «Смотри к чему может привести покаяние!» Как говорил Иоанн Лествичник: «Покаяние – это дочь надежды и отвержение отчаяния». Это не упадок духа – это удивительное ожидание. Оно не означает, что человек оказался в тупике, но означает, что человек обретает выход. Покаяние не является ненавистью к себе, это утверждение своего настоящего «я», как того «я», которое создано по образу Господню. Потому что каяться в православной традиции означает смотреть не вниз, не на свои недостатки, но вверх, на Христа. Не назад, когда ты себя только упрекаешь, но вперёд с доверием, с надеждой, с удивлением, что Бог сделает тебя невообразимо прекрасным. Это значит видеть не то, чем я не смог быть, но то, чем я по благодати Господней могу стать и стану. Это совершенно иное восприятие таких вещей. Поэтому, как говорил Иоанн Кронштадтский, Феофан Затворник – пока мы не увидим свет Христов, мы не видим того собственно, в чём нам каяться. Потому что порядок не таков, что сначала мы каемся, а потом осознаём присутствие Христа. Потому что наоборот: только когда мы видим уже, что свет Христов вошёл в нашу жизнь, только тогда мы понимаем, в чём мы собственно виноваты.

Был случай у современного патролога Иерофея Влахоса, который приехал к Софронию Сахарову и пожаловался на то, что видит в себе грехи. Старец Софроний говорит: «Это хорошо». И Иерофей Влахос говорит: «Ну чем же это вообще может быть хорошо?» Вот тут-то старец ему объяснил: «Если бы у вас не было Христа, то вы бы не увидели в себе ничего плохого. А поскольку Христос в вас есть, то вы и видите, в чём вы от Него отличаетесь, что вам нужно изменить в себе и исцелить.

Иоанн Кронштадтский говорил: «Каяться – значит знать, что в твоём сердце ложь. Но мы не можем обнаружить ложь, если не имеем знания об истине». Таково покаяние: мы видим красоту, а не уродство, мы осознаём Божественную славу, а не своё ничтожество. И покаяние означает не просто плакать о грехах, но утешаться. Утешаться от уверенности в Божьем прощении.

Святой Иоанн Карпафийский говорит: и«На каждое наше «Господи, прости!» Бог отвечает: деточка! Прощаются тебе грехи твои!»

С особой силой покаяние переживается в таинстве исповеди. И в русской традиции этой исповеди всегда должна сопутствовать следующая молитва, которую читает священник перед исповедью:

«Се чадо, Христос невидимо стоит, приемля исповедание твое. Не усрамися, ниже убойся и да не скрой что от меня, но не обянуй серце вся елико соделы еси, да примеш оставление от Господа Нашего Иисуса Христа. Вот и икона Его пред нами, аз же только свидетель есмь, да свидетельствую пред Ним всё и что скажешь мне. Аще же что скрыешь от меня, сугуб грех имаше. Внемли убо, понеже пришел если во врачебницу да не неисцелен отыдеши».

Когда мы делаем даже один шаг по направлению к Богу, Он делает нам много шагов навстречу. Именно это мы переживаем в таинстве исповеди. Есть и другое восприятие покаяния: мрачное, унылое, когда человек считает, что он должен копаться в себе. Здесь опытные духовники учили меня важному различию. Они говорили, что если, допустим, тебе сорок лет и ты подводишь черту своей жизни, говоришь: всё плохо, ничего у меня не получилось, ничего не вышло, напрасно я жил – то это значит, что враг примешался к твоему покаянию. А если ты каешься с надеждой на Бога, что твоя жизнь озарится, что всё будет хорошо, всё будет светло, что Господь всё управит и всё будет как в сказке – тогда ты каешься правильно.

Покаяние связано с борьбой с грехом. И практически никто не знает, что у борьбы с грехом есть два этапа, которые взаимосвязаны.

Первый этап – это, как говорит Феофан Затворник, мы должны вести себя так, как если бы на нас вдруг на улице напал какой-то хулиган или вор. И мы в первую очередь бьём его в грудь, а потом кричим «Полиция!». Ударить вора в грудь, то есть отпихнуть его от себя – это означает рассердиться, разозлиться на грех. Мы должны осознать, что мы и грех – это не одно и то же. Враг рода людского очень много усилий прилагает к тому, чтобы мы считали грех необходимостью в этом мире. Как в стоках Бертольда Брехта:

Быть добрым, кто ж не хочет добрым быть.
Да вот беда: на нашей злой планете
Хлеб очень дорог, а сердца черствы.
Мы рады жить в согласье и в совете,
Да обстоятельства не таковы!

Много сил прилагает враг рода людского чтобы мы считали обстоятельства нашей жизни мешают нам жить по-другому. Но это враньё! Ппоэтому мы должны рассердиться, разозлиться на грех и решить, что грех – это не мы, что грех не является какой-то полноценной частью нас. Это то же самое, что ударить разбойника в грудь. А позвать полицию означает позвать Христа на помощь. Был такой святой авва Иоанн Колов, который говорил, что он подобен человеку, который сидит под большим деревом. И когда видит зверей к нему приближающихся, залезает на это дерево и сидит на его ветвях. Звери ходят внизу, а потом им надоедает ходить, и они уходят. Иоанн Колов говорил, что описанное означает молитву. То есть, когда он видит, что страсть к нему подходит, он залезает на это дерево молитвы и враг только и может что внизу ходить, но достать его уже не в силах. Другой древний святой, который тоже описан в древних патериках, авва Пимен, говорил о двух сосудах в его руках. В одном сосуде вода, а в другом огонь. Вода – это молитва, а огонь – плохие мысли и страсти. Каждый раз, когда разгорается огонь в сосуде, он заливает его водой из другого сосуда. Очень понятный, очень живой образ. Но авва Пимен вообще любил такие живые образы и много говорил о плохих мыслях. При этом, как говорит Феофан Затворник, страсти всё равно будут прорываться. Но мы должны бить их этим самым методом: в первую очередь, разозлиться на грех; а во вторую очередь, звать Христа на помощь. То есть, каждую страсть мы, таким образом, бьём всегда, хотя есть у любой страсти свои особенности, но образ действия всегда схож, всегда вот таков. Так пишет Феофан Затворник в своей книге «Что есть духовная жизнь и как на неё настроиться». Эта книга есть энциклопедия духовной жизни. Поэтому нам не нужно бояться, что страсти всё равно будут прорываться, так как мы реально можем их победить. Каждый раз, когда мы поступаем против страсти, мы ослабляем её действие в себе. И наоборот: всякий раз, когда мы поступаем по страсти, её корни в нас удлиняются. Это мысленная борьба против страсти, но есть ещё и деятельная борьба – эти две формы борьбы должны в нас соединяться. Допустим, если человек жадный, то он должен давать милостыню, если он лентяй – должен трудиться; в общем, должен вести не только мысленную борьбу, но ещё и деятельно поступать против того, чего требует от него страсть. Каждый человек, если он внимателен к себе, замечает, что его жизнь предоставляет собой множество измен тем и тому, что он любит и что ему дорого. Но тем не менее у него есть внутри какой-то огонь, и этот огонь человек не хочет предать.

Антоний Сурожский говорит, что мы должны быть верны этому огню в нас, и пространство этого огня должно расширяться. Макарий Великий называет страсть *«душой в душе»*, потому что страсть толкает нас на действие, которому мы даже сами хотели бы противиться, но не можем. И всё же с Божьей помощью мы можем сопротивляться, хотя страсть может быть сильнее нас. Тем не менее, у нас всегда есть выбор. Эта борьба с самим собой есть постоянное состояние христианина. Она происходила даже у святых. И когда мы берём дневник Иоанна Кронштадтского, то читаем там множество моментов, когда святой Иоанн уже даже в конце жизни, раздражался, злился или что-то ещё не так делал. Вот допустим, берём его дневник за 1905-й год, то есть за три года до смерти великого вселенского чудотворца. Вот что он пишет:

«31 октября. В Кронштадте, в Доме трудолюбия, когда ходил с молебнами и причащал больных приезжих, ходила за мной из квартиры в квартиру пожилая девушка А., домогавшаяся частицы для своего причастия. В запасе оставалось мало частиц, надо было приберегти для больной в Ориенбауме. И я очень рассердился на неё и резко отогнал от себя её и такую ещё одну её сродницу, ходатайствующую за неё. И вот я прогневал этим раздражением Господа, который есть основание любви. И близких моих огорчил, и тяжело мне стало, очень тяжело. Стал я каяться Господу, много каяться. И тут на пароходе и Господь простил мне тяжкий грех. Вперёд урок – относиться ко всем кротко, снисходительно, терпеливо, любезно».

Святой пишет, что раздражился, разозлился, ругался на людей (это было за три года до его смерти) и это был великий чудотворец. Но тем не менее, он остаётся святым, потому что тотчас же о всём кается, и у него нет расстояния между совершением греха и просьбой о прощении. В итоге он всё побеждает. А ведь святые есть образ для нас, но и им присуща постоянная борьба с грехом.

Для того, чтобы победить страсти, христианин начинает вести борьбу с живущей в нём страстью и с врагом рода людского, который хочет ввергнуть человека в зло. Но для этого мы должны остро почувствовать, что наше состояние измен тому, что мы любим, ненормально, что так жить нельзя. Что состояние почти общего эгоизма, которым пропитан мир и с которым борется церковь – это не то изначальное состояние, которое задумано о человечестве. Поэтому даже когда человек живёт по страстям, он не может считать такую жизнь нормальной и подлинной. В этом сходятся разные религии, ощущая, что с миром что-то не в порядке. Но, как правило, человек обвиняет других, а того, что он сам калечит тех, кто рядом, не замечает. Эрих Фромм говорит, что история человечества написана кровью и очень многие люди мучают других, не замечая этого. Подобная слепота происходит также и от искажения человеческой личности. Побеждая страсть мы,, буквально обретаем новую жизнь, мы преображаемся. То, что называется ветхим человеком, делается новым, делается Христовым, отроиченным, христоликим.

Потому что победа над страстью – это настоящий прорыв к новой жизни, это тот прорыв, который делает нас прекрасными. Есть по этому поводу притча.

Представьте себе, старик-индеец рассказывает своему внуку такую вещь, что в каждом человеке идёт борьба двух волков. Один волк – это зло, это зависть, ревность, эгоизм, ложь и всё подобное. А другой волк – это мир, любовь, надежда, истина, доброта, верность. Оба волка постоянно борются друг с другом внутри человека. Внук был тронут этим рассказом и спрашивает: «А какой же волк побеждает?» И дедушка ему отвечает: «А побеждает всегда тот волк, которого ты кормишь».

МОЛИТВА И ЖИЗНЬ

Когда люди приезжали к старцу Ипполиту Халину и просили его о помощи, он говорил, что помолится о них. Некоторые были недовольны таким ответом, так как с точки зрения человека далёкого от веры, молитва – это последнее, что может нам помочь.

В неком фильме-катастрофе, где всё заканчивалось словами: «Им осталось только молиться», в том смысле, что им вообще уже ничего не осталось и ничего хорошего их не ждёт. Но святые, наоборот, считали, что молитва – это не какое-то последнее средство среди прочих. Святые называли молитву наукой из наук, искусством из искусств и считали, что в любой ситуации самую действенную помощь даёт именно она. Многие секты считают, что Бог действовал в мире только в евангельские дни, а потом как бы ушёл в отпуск и с неба наблюдает за миром. Православие говорит, что Бог действует в мире постоянно, и это мы тоже узнаём через молитву. Внимательная к словам молитва есть один из способов ощутить присутствие Бога. К Господу обращаются с самыми разными просьбами и некоторые ждут, что как по волшебству всё исполнится.

Как же на самом деле действует молитва? Бог слышит молитву всех людей, но исполняет тогда, когда она полезна для человека, и таким способом, который наиболее близок тому, кто просит, устроению его души, даже часто самим человеком неосознаваемому. Поэтому часто бывает так, что намерения сердца и молитва не совпадают. Допустим, какая-нибудь невротичная девушка не хочет что-то терпеть и говорит: «Господи! Я не хочу жить!» Но Бог же её не убивает. Почему? Потому что её молитва и желание её сердца – разные вещи. Она говорит Богу: «Я не хочу жить», а имеет в виду: «Господи! Сделай мне что-нибудь хорошее». И Бог вместо того, чтобы прерывать её жизнь, делает что-нибудь хорошее, потому что Он исполняет молитву не по слову, а по сердцу, по желанию человека, как говорит об этом Василий Великий.

У святого Иоанна Кассиана Римлянина есть слова, что если двое или трое просят об одном, Бог обязательно исполнит молитву. Я вспоминаю как одна моя знакомая, узнав об этом удивилась и спросила, почему они с подругой совместно выпрашивали, чтобы Бог послал им парней, прося по молитвослову: «Господи! Да жених будет боголюбив и благочестив», но им обоим были посланы совершенно не благочестивые парни, хотя молитва исполнилась, но не так, как написано в молитвослове. Мы стали разбирать этот случай и оказалось следующее: первая подруга была девушка мирская, и она получила себе такого же мирского неверующего парня, но который проявлял к ней много внимания, чего на самом деле она и хотела. А вторая хотела получить благородного и получила такого, который всюду за ней платил, но при этом был гордым, не умел уступать, ломал её волю. И тот и другой были с недостатками под стать обеим подругам. И тот и другой были с достоинствами, которых они на самом деле хотели. Но молитва в молитвослове была о том, чтобы жених был боголюбив и благочестив. Но поскольку для обеих девушек это были просто слова, только прелюдия к тому чтобы Бог послал парня, то Бог исполнил их желания по сердцу этих девушек, а не по тому, что они говорили Богу словами.

Но главное содержание молитвы это не просьба. Бог помогает нам, но Он ждёт, чтоб мы Его полюбили. Он должен быть в нашей жизни не фоном, не каким-то служебным духом, который иногда приходит на помощь. Он должен быть главным содержанием нашей жизни. Поэтому основной смысл молитвы в том, чтобы побыть с Богом, чтобы побыть в этом освящающем действии молитвы и в этом освящающем действии преобразиться, чтобы чистым сердцем отвечать на Его любовь.

Часто люди говорят, что их молитвы не были услышаны. У кого-то проблемы с работой, кто-то никак не может встретить свою половинку. В чём же основные трудности, какие ошибки совершают молящиеся? У средневековых православных монахов Ирландии было принято сравнивать мир и судьбу человека с ковром удивительной красоты. Этот ковёр мог бы поразить красотой своих узоров, необычайностью замысла. Но дело в том, что тот, кто смотрит на ковёр, идя по нему, этого всего не видит! Ему заметны отдельные линии, краски; он догадывается, что всё это должно быть прекрасно, но не может связать воедино всю ту гармонию, которая предстаёт ему по частям. Единственный правильный способ увидеть правильно – это взглянуть на ковёр с неба или поверить, что такая гармония существует. Но если мы взглянем на ковёр с неба, допустим, в присутствии старца или поэта, тогда становится ясно, какой смысл был во всём, что случалось с нами. Вот только люди не видят свою жизнь с точки зрения неба. Человек может желать по страсти, просить по грешному увлечению сердца. Он может просить только земных благ, его молитва может звучать примерно, как «Господи! Дай мне машину, квартиру, денег, отпуск на море, а потом выйди из моей жизни и не мешай мне грешить». И Бог видит, что такая жизнь человека – это верёвка в руках самоубийцы и посылаемым страданиям, либо отсрочивая исполнить просьбу Бог ведёт нас к истине. Потому что основное условие молитвы – это желание переменить свою жизнь, исцелить свою жизнь, стать настоящим или попытаться стать настоящим. Однако мы должны помнить, что если Бог не исполняет нашу молитву – Он не наказывает нас этим, но, как говорил Иоанн Златоуст: «Готовит нам что-то лучшее, чем мы просим». Я это хорошо знаю по своей жизни, потому что влюблялся тринадцать раз и тринадцать раз просил: «Господи! Пусть только эта девушка будет моей женой! Только она!» Но каждый раз Бог не слушал мою молитву. И только когда я женился, то понял, почему Бог не исполнял столько раз мои молитвы, что Он был прав, а я был неправ.

Как же правильно молиться? Чтобы молиться правильно, нужно чтобы наша душа была созвучна небу. Этого созвучия можно достигнуть, ведя духовную жизнь: ходить в храм, исповедоваться, причащаться, читать о чём и как молились святые люди. Можно легко заметить, что человек, ощущающий Бога, уже не желает того, чего желает тот, кто Христа не чувствует. Святые просили, чтоб Бог их простил, преобразил, исцелил, сделал настоящими, просили, чтоб научил их любить, подал им чистоту, подал способность быть многим людям близкими и родными и много других удивительных просьб. Само живое ощущение присутствия Бога в нашей жизни тоже достигается через молитву. Поэтому даже если Бог не исполнил сразу то, о чём мы просим, всё равно счастье в нашу жизнь придёт, потому что мы об этом попросили. Кроме того мы возрастём, потому что молясь мы находились в Его присутствии, мы были с Ним.

Наверное, всем знакомо ощущение, когда не можешь сосредоточиться на молитве, когда посторонние мысли лезут в голову. Возникает у многих вопрос: как сосредоточиться на главном? В монастырях это постоянная тема исповеди, что вот, батюшка, молитва была не сосредоточенной. Но дело в том, что мысли человека постоянно находятся в таком состоянии: они перебегают с предмета на предмет. Молитва только открывает нам, что наши мысли таковы, что мы находимся в таком положении. А таковы мы потому, что человечество находится в искажённом состоянии. Поэтому святой Феофан Затворник говорит, что если мы не заметили, что наши мысли отвлекаются от Бога и от молитвы – это не грех. Плохо, когда мы заметили и продолжаем отвлекаться. Стоит человек на службе и думает о том, как он будет дома поросёнка жарить или печёную картошку есть – это ещё не грех. Но когда он понял, что он об этом думает (а мы не всегда понимаем, о чём мы думаем) и продолжает думать о том, как он жарит поросёнка или картошку будет есть – вот это уже неправильно, это уже неверно! Так мыслит Феофан Затворник.

Сосредоточиться на молитве можно либо по мере любви к Богу, либо по мере переживаемого страдания. Когда человеку плохо, он сосредоточен на молитве и в этом один из смыслов боли. Любящий не отвлекается от любимого. Тот, кому больно, не отвлекается от своей боли. По мере любви или по мере боли молитва становится не рассеянной, молитва становится сосредоточенной.

Если человеку действительно тяжело и он просит о помощи Бога и святых, но просит своими словами, имеет ли значение, какую молитву мы произносим?

Когда нам очень тяжело, то очень хорошо просить именно своими словами. Святые говорят, что к Богу вообще нужно обращаться просто, как к кому-то очень близкому, допустим, к маме, если нам близка мама, или к какому-то другу, в общем, к тому, кто нам действительно близок. Представить Его как того, кто родной. И для этого не надо особых слов: ты просто говоришь о своём и всё. Просить или говорить надо теми словами, которые в данный момент приходят на сердце. Если, допустим, мы кого-то хотим обидеть, то так и говорим: «Господи! Я ничего с собой не могу поделать! Я хочу этому человеку написать такой комментарий, чтобы просто заплевать его всего! Но Ты мне помоги, я не хочу этого делать!»

Вспоминаю по этому поводу один случай из своей жизни. Мне очень нравилась одна девушка и я шёл, чтобы провести с ней время, но при этом я понимал, что это плохо: мы же неженаты. И я всю дорогу молился: «Господи! Я ничего не могу сделать! У меня только одно желание: обнять эту девушку! И она, скорее всего, будет согласна. Ты же можешь что-нибудь сделать?» И когда я пришёл, у девушки поменялось настроение, она меня прогнала и с тех пор больше никогда со мной не дружила. Это было совершенно поразительно! С точки зрения того, чтобы мне с кем-то встречаться – это было ещё одно фиаско, но с точки зрения исполненной молитвы Бог использовал капризы девушки для того чтобы не совершилось греха. И это было прекрасно. Такой образ молитвы я предлагал и реабилитируемым наркоманам. Мы говорили им: не сосредотачивайтесь на всей вашей жизни, просите Бога за сегодня: «Господи! Помоги мне сегодня не принять наркотик, не совершить этот грех. Ты всё можешь! Избавь меня сегодня!» И Бог приходил на помощь. Что-то случалось, как у меня с той девушкой, ничего не выходило и так было именно в тот день, когда человек об этом просил. Потому что, когда мы приглашаем Его в обстоятельства своей жизни, Он действительно приходит, и Он их удивительным образом меняет. Поэтому святой Иоанн Кронштадтский говорит: «Правда Божия требует, чтобы молящиеся от сердца были услышаны!»

Вы знаете, что молитвословы включают в себя много разных молитв на разные нужды. Возникает вопрос: более ли такие молитвы угодны Богу?

Нужно сказать, что все святые сочетали и молитву своими словами и молитву, которую составил кто-то другой. Как замечает старец Эмилиан Вафидис, «Даже молитва «Отче наш» – это молитва, произнесённая Христом своими словами». Представьте себе, что маленький ребёнок говорит маме что хочет стать музыкантом. Он пытается импровизировать на фортепиано. Маме радостно его слушать, хотя он и не умел? Да, конечно, радостно. Но ребёнок никогда не станет музыкантом если он не обучится музыке, если он не приобщится к сокровищнице классических мелодий, высоким строкам. Так и с молитвой. Христос радуется, когда мы с Ним говорим, Он нам как мама, как очень близкий, очень дорогой. Но чтобы нам настроить свою душу на правильный, праведный лад, нам нужны и свои молитвы, и молитвы, составленные святыми людьми. Ведь святые искали и просили неба.

Молитва Иоанна Златоуста: «Господи, не оставь меня. Господи, не введи меня в напасть, дай мне мысли благу, дай мне слёзы и память смертную, дай мне смирение, целомудрие и послушание. Покрой меня от человек некоторых, и от демонов, и от страстей, и от всякие ныне подобные вещи». Сколько разных прошений, и всё это говорит святой. И здесь некоторые исследователи тонко замечают, что святой просил сначала защитить его от человек некоторых, а потом уже от демонов, от страстей и от всего остального, что тревожит душу. То есть мы из этого видим, что даже Златоуста больше допекали люди, чем всё остальное и все остальные трудности, которые только существуют. Нас ведь тоже так часто допекают. И молитвы из молитвослова помогают настроить душу так, чтобы Бог был нам дороже всего. Но ограничиваться ими ни в коем случае нельзя, потому что очень часто, особенно в русской церкви, существует такая постановка вопроса, когда человек читает правило и больше он ничего Богу не говорит. Получается, что он за десять, пятнадцать, двадцать лет так и ни разу не помолился, так и не научился молитве.

Молитвы рождались, конечно же, не в кабинетах. Они рождались в тот момент, когда святой молился. И когда святой, или праведник, или подвижник молился, Бог мог так настроить его душу, такие слова этой молитвы дать, которые являлись уже не просто плодом человеческого вдохновения, но синергией, сотворчеством человека и Бога. Поэтому слова получались невероятные. Почитайте молитвы Софрония Сахарова, молитвы Антония Сурожского, какие это яркие, какие это глубоко высокие, жизненные переживания человека. И сколько в них действительно божественной мудрости, сколько в них осмысления мира, осмысления Бога, как это на самом деле красиво. Этот настрой святых помогал им найти лучшие слова для выражения любви. И молитва являлась такой песней. Но в молитве же у них и происходило осмысление этого мира. Поэтому то, что мы узнали в молитве – это самое высшее наше познание. И такое познание происходит, когда человек молится и говорит Богу с именно своими словами. В этот момент его слова приводят его в такие сферы, куда они приводят поэта, когда человек говорит то, чего он знать сам по себе никаким образом не мог. В этот момент я советую вам остановить, не прекращать вслушивание в Бога, но остановиться и записать то, что вам пришло на сердце. Потому что это будут высокие, великие, необыкновенные слова, в которых вы будете осмыслять мироздание. Потому что Бог вас так коснётся, Бог с вами может такое сотворить, такое сделать.

Что даёт человеку молитва? Многие трудности, многие несчастья происходят именно потому, что человек забывает о Боге. Святой Амвросий Оптинский говорил в афористичной форме: «Отчего человек бывает плох? Оттого что забывает, что над ним Бог». А у Силуана Афонского есть интереснейшее размышление о том, что все его падения были потому, что в минуту искушения он не помолился. Поэтому очень важно иметь какой-то минимум молитв. Ради этого минимума существуют утреннее и вечернее правило. Но их недостаточно. Человек должен в течение дня вспоминать о Боге. И часто многие спрашивают: что делать, если чувствуешь охлаждение? Допустим, девушка родила ребёнка, она не может ходить на службу, потому что она с ребёнком всё время занимается. Происходит какая-то вялость души. Как эту вялость победить? Её побеждать можно именно вспоминанием о Боге в течение дня. Можно себе такое правило поставить раз в час что-то Ему говорить. Хотя бы раз в час. Желательно больше. И эти его призывания, они будут приводить в вечность, Его вечность в наше время, и это время будет освящаться. Время нашей жизни будет преображаться. Реально плод этого действия будет таким, что человек снова ощущает смысл того, что он существует. Потому что мы смысл жизни ощущаем в троекупности молитвы, причастия на литургии и личных добрых дел. Вот эти три вещи дают нам ощущение того, что мы живём не напрасно. Причём это говорят очень разные люди, тот же Ирвин Ялом в своей книге «Как я стал собой» или в его книге «Дар психотерапевта» пишет о том, что он часто приходил на психологический сеанс, чувствуя себя очень, скажем так, нецелостным, разрозненным, чувствуя в себе подавленность, неуверенность, мучения. Но когда он проводил психологические сеансы, помогал человеку, то снова ощущал смысл жизни. Он даёт этому довольно-таки неуклюжее атеистическое объяснение, которое ничего не может объяснить, потому что здесь смысл божественный. Когда человек делает доброе дело, то Бог приходит в его сердце. И тот свет, который человек чувствует от доброго дела – это свет фаворский, тот самый свет фаворский, который просвещал апостолов и святых. Поэтому, когда мы делаем что-то хорошее, то этот свет мы знаем. Мы его также можем узнать в искренней молитве своими словами. Можем узнать его, когда обращаемся к Богу, говорим такое важное и драгоценное. А можем узнать в момент причастия. Но вообще все эти три вещи должны соединяться, точно также как должны соединяться Иисусова молитва, молитва в храме и молитва своими словами. Это тоже троекупность, это то, что должно быть в целостности. Поэтому святые старцы никогда не осуждали тех, кто молится своими словами. Но они говорили, что поступать так, как поступают протестанты, молясь только своими словами, неправильно. Потому что человек должен и приобщаться к сокровищнице классической музыки (это образ), для того, чтобы создавать свои произведения. Ведь творчество всегда существует в традиции, причём в традиции Святого Духа. Эта традиция Святого Духа, мы ею приобщаемся через молитву, через обращённость к Небу. Поэтому нам важен также и какой-то минимум молитвы, и этот минимум молитвы нам даёт утреннее и вечернее правило. Это утреннее и вечернее правило, как говорят святые, тот же Варсонофий Оптинский, можно читать где угодно. Можно читать в машине. Он, правда говорил на коне, но мы переиначим на машину. Можно читать в автобусе, можно читать, когда ты идёшь, когда ты лежишь – в любых состояниях. Потому что нет такого состояния, которое бы препятствовало молитве, как и препятствовало бы Богу, красоте нас касаться. Молиться нужно так, как если бы ты разговаривал с кем-то очень близким. Я бы сказал с мамой, если бы у многих людей не было проблем со своей мамой или мучений по поводу своего отца. Скажем так, с кем-то, кому действительно мы очень дороги, и мы знаем, что мы дороги ему безусловно, абсолютно. Однако если кто-то видел старца, или общался со старцем – то это такое отношение. Когда просишь такого человека, то он действительно всё для тебя делает, даже если человек в данный момент испытывает чувство неверия – это тоже приходит к христианину, такое чувство. Об этом можно сказать: Господи! Я тебя не чувствую! Помоги мне, дай мне тебя почувствовать! То есть, молиться просто. Не изображая себя кем-то великим на молитве, открывать своё сердце и своё состояние Богу так, как это сердце в нас сейчас говорит и что-то подсказывает. Ведь Бог жаждет именно нашего сердца. Если мы будем обращаться к нему от сердца, то получим ответ.

В своё время Варсанофий Оптинский с болью говорил о Лермонтове, что Лермонтов знал красоту молитвы, но не был согласен понести молитвенный труд и поэтому молитва ему не помогла. Дело в том, что молитва сопряжена не только с радостью, но и с трудом. Это труд такого рода, что человеку часто не хочется молиться и нужно понуждать себя на молитву через силу. Почему это нужно? Потому что мы вообще исцеляемся через всякого рода страдания, через всякого рода боль.

Старец Эмилиан Вафидис пишет: «Но прежде чем в жизни человека произойдёт эта единственная в своём роде встреча – встреча с Богом, человек должен пострадать, помучиться. Это может быть горячка или какая-либо иная боль: телесная, душевная, духовная. Тому, кто не страдает, не плачет, не омывает лицо слезами, невозможно увидеть Бога».

Не бывает рождения без боли. Только боль может освободить человека от безрассудных желаний и от всего, что его увлекает, сделать его свободным от самого себя и соединить с Богом. И понятно, что одна из самых тяжелейших болей – это боль нечуствия Бога. Эту боль, ради того, чтобы приобщиться ей, приобщиться всему людскому страданию, на кресте перенёс Христос. Когда Он говорит: «Или! Или! Лама савахвани?» То есть: «Боже! Боже! Для чего ты меня оставил?» Это не какая-то игра: Он действительно почувствовал богооставленность. Для чего? Для того, чтобы всю нашу боль на себя воспринять. А боль богооставленности, богонечувствия – это самое тяжёлое, что может с человеком приключиться, особенно если он уже имеет опыт благодати, если он уже имеет опыт Бога. И эта боль парадоксальным образом нужна нам, чтобы мы почувствовали Бога, и не только почувствовали, но и вместили в себя, чтоб Он стал нам присущ, а мы стали ему близкими. Потому так важно молиться Ему, даже Его не чувствуя. Тогда Он непременно придёт, придёт уже навсегда. Через боль мы сделаемся способными Его принять.

Старец Эмилиан Вафидис: «Приступая к молитве, мы часто не чувствуем ревности, не ощущаем Божьего присутствия. Бог кажется нам каким-то неведомым, суровым, мрачным, нелюбящим, и даже несуществующим. В таких случаях мы бросаем молитву – но это неправильно! Если мы всё-таки возьмём на себя эту тяжесть, осознаем, что должны молиться во тьме своего одиночества, потерпим адовы муки своей души и будем творить молитву в этой геенской темнице без всякой надежды, без Бога, без единого луча света, как того недостойные – именно тогда начнёт действовать Бог. Он придёт и снимет тяжесть с нашего сердца, успокоит нас».

Так говорит старец Эмилиан Вафидис. И он говорит эти слова не просто как какую-то профилактику для монахов, которых он знает, не просто как совет. Он говорит, как то, что он пережил сам, потому что все старцы переживали состояние богонечувствия, которое человек воспринимает как богооставленность. Это состояние является необходимым этапом духовной жизни.

Дело в том, что духовная жизнь состоит всегда из трёх этапов.

Первый – это когда человек вдруг, в какой-то момент, неожиданно почувствовал Бога. То есть, он уже перенёс достаточно боли для того, чтоб в эту встречу прийти. И вот встреча произошла: он Бога чувствует. В этот момент его как будто носят на крыльях, у него всё получается, ему всё удаётся, всё даётся легко. Но в это время благодать ещё не усвоена его душой, благодать как бы извне на него действует, но она его ещё не преобразила.

И поэтому через время начинается второй этап, когда человеку кажется, что Бог его бросил, оставил, когда он Бога не чувствует. Этот момент – это страдание, которое длится какое-то время, бывает несколько лет. Оно происходит для того, чтоб человек через боль, новую боль, новый вид боли, стал настоящим.

В его настоящесть уже приходит Бог как в третий этап духовной жизни, когда человек Бога начинает чувствовать, всё больше и больше. А чувствовать Бога – это тоже самое, что радоваться. Это одного порядка вещи. Почему старец Эмилиан Вафидис говорит, что «Если мы не радуемся, то в нашей духовной жизни что-то не в порядке, мы должны пойти на исповедь». Но он это говорит уже людям, которые пришли в третий этап духовной жизни, а не во второй. Потому что второй этап как раз предполагает вот эту вот чудовищную боль, когда человек Бога не чувствует, когда ему кажется, что Бог его бросил. Но этот этап нужно пройти. Его проходили все. Он не будет длиться очень долго. Он закончится. И, как свидетельствуют все святые, прошедшие этот этап, что он обязательно проходит. Человек входит в третье состояние духовной жизни, когда Бог ему становится присущим, и он начинает расти в чувстве Бога, потому что вера не статична. Как говорил старец Фаддей Витовницкий, что та вера, которую он имел в детстве, по сравнению с той верой, которую он имеет как старец, была просто неверием, хотя в детстве он тоже верил, но такого явного удостоверения от Бога о Его существовании он, естественно, ещё не имел. Потому что он только-только начинал свой путь. Это что касается трёх этапов духовной жизни. К сожалению, об этом никто не рассказывает. Поскольку молитва сопряжена не только с радостью, но и с трудом.

Святой Силуан Афонский говорит: *«Молиться – это кровь проливать»*.

Понятно, что святые жили как молились и молились как жили. Их молитвы были плодом Святого Духа, который обитал в их сердце. Ведь цель молитвы – это соединить душу с Богом. Допустим, святой Иустин Сербский, который знал молитву на опыте, говорил, что «мы должны омолитвить всю свою жизнь». Молитву он назвал «просфорой, замешанной из слёз и сердца». Интересно, что когда Иустин Сербский учился в Оксфорде, в комнате с ним жил студент англиканин по вероисповеданию. Иногда этот студент заставал Иустина за молитвой и поражался как этот человек плачет и переживает Бога. Студент, просто глядя на молитву аввы Иустина, принял православие. Когда святой Иустин жил в женском монастыре Челие, то монахиня, которая убиралась у него в комнате, каждое утро находила несколько носовых платков, мокрых от слёз. Иустин Сербский говорил, что «молитва – это очиститель мысли». Он говорил, что «мы должны к каждому человеку, к каждому обстоятельству подойти с молитвой». Потому что любовь к молитве непрестанно усиливает нашу любовь к Богу.

Теперь по поводу того, когда говорят, что молиться скучно. Здесь может быть несколько объяснений. Одно из них, то что человек находится в этом втором этапе духовной жизни и ему просто плохо, он просто не чувствует Бога и должен себя понуждать. Но существует и другой вариант, более частый. Когда, допустим, подходят люди к священнику и говорят: «Батюшка! В храме скучно! Вот когда ещё поют что-нибудь, тогда ещё ничего. А когда начинают читать – то просто совсем невыносимо!»

Я помню, что епископ Митрофан Никитин на это отвечал: «Я объясню, почему так бывает. И чтоб это понять, не нужно заканчивать духовную академию. Скучно в храме человеку, когда содержанием его жизни является не Бог, а что-то другое». И наоборот: когда человеку Бог нужен, когда он начинает Его ощущать, тогда человеку хочется находиться в пространстве молитвы. Ему тогда приятно находиться в этом пространстве, он этого пространства тогда жаждет, он хочет в это пространство войти. Но без помощи Бога мы не можем по-настоящему сделать его центром и смыслом своей жизни. Поэтому я помню, как епископ Митрофан говорил, что «нужно у Бога просить сил помолиться Богу». Потому что Бог пришёл для того, чтобы дать нам радость, чтобы сделать нас счастливыми. А счастье – это ощущение реальности Его существования и чистая совесть.

Ради этого мы переносим ту боль, которая нам выпадает. Ради этого переносим те трудности, которые с нами случаются, чтобы увидеть мир как нескончаемую Божью сказку!

Часто люди высказывают такой вопрос-боль, утверждение относительно молитвы: что я не чувствую, что Христос во мне, не чувствую, что Он где-то рядом. В связи с этим молитва получается отстранённой, полная сомнений и в себе самом, в тексте и в самом существовании Бога.

Подобное вообще состояние с точки зрения святых отцов может происходить по нескольким причинам. Во-первых, человек может испытывать все эти сомнения из-за множества маленьких неисповеданных грехов. Во-вторых, всё перечисленное может происходить, когда человек только начинает путь благодати, и по этой причине он ещё не имеет живой, зрячей веры, которая есть присутствие Христа в человеке. В таком случае человеку необходимо не оставлять духовную жизнь, молиться, понуждать себя, и тогда по мере того как вера будет расти, то есть присутствие Бога в человеке будет расти, и молитва станет более живой, более ясной, присутствие Бога в нём тоже станет более ясным. Один мой знакомый ходил в храм, но не имел чувство Бога. Тогда он сказал сам себе, что святые испытывали на службе полноту радости, обретали там смысл жизни. Спустя несколько лет он заметил, что чувство Бога пришло и к нему. Когда именно оно пришло, в какой момент, он сам себе сказать не мог.

Подобные истории я слышал от разных людей, что неожиданно замечаешь, как чувство Бога всё-таки приходит. Хотя точно сказать, когда оно пришло, человек затрудняется и не может. Одна девушка как-то говорила мне по этому поводу: «Я пришла в храм, как будто к соседке сходила. Ничего в сердце не дрогнуло». Но всё-таки она тоже продолжала посещать богослужения, и живая вера постепенно приходила и к ней. Но сам момент, когда она пришла, когда человек ощутил, что Бог реален – этот момент остаётся для нас неуловимым. Христос говорил: «Дух дышит, где хочет, и голос его слышишь, а не знаешь, откуда приходит и куда уходит: так бывает со всяким, рождённым от Духа» (Ин 3:8). И третья причина, когда человек не может чувствовать Бога, касается христиан, живущих подвижнически. Об этом говорят святые Варсонофий и Иоанн, что к человеку может подходить враг и, завидуя вере человека, красть эту веру из сердца. Святые Варсонофий и Иоанн так и говорят, что «демоны от зависти плодам веры приносят нам неверие». В таком случае человек должен обратиться к какому-то опытному в духовной битве человеку, просить его помощи и совета что в данном случае следует делать. Но в любом случае вера, как говорил старец Илий Оптинский: «Это величайший дар Божий, который даруется за нравственную чистоту».

Часто возникает вопрос: может ли человек сам по себе определять правила молитвы, то есть, как именно он молится? Где та граница, за которой должен стоять только духовник?

Конечно, существует некое общее правило: это утренние и вечерние молитвы, некоторые добавляют к нему ещё главу из Евангелия, кафизму из Псалтыри. Нужно понимать, что у каждого человека есть своя мера молитвы, и то молитвенное правило, которое радует одного, может быть другому только в тягость.

Допустим, апостол Павел говорит, что нужно молиться постоянно. Григорий Богослов говорит, что «нужно молиться и вспоминать о Боге чаще, чем дышать». Но понятно, что не все на это способны и не все к этому готовы. Как определить собственную меру и где вообще эта граница немощи и лени? На эти вопросы человеку самому себе ответить очень сложно. Поэтому ему важно, чтобы на него кто-то посмотрел со стороны, чтобы кто-то ему подсказал, может быть мама или жена, муж, кто нас любит. В каких-то случаях это может быть и духовник, если он есть, конечно. Этот человек, который нас любит, может подсказать и дать какой-то совет относительно того, как лучше всего молиться именно нам. Если такого человека нет, то молящийся, может сам для себя что-то понять, как ему лучше всего построить свою молитву. Я слышал от некоторых людей, что они прочитывают несколько молитв, но с полным вниманием. Этот совет соответствует тому, что говорил по этому поводу Феофан Затворник, который тоже давал такую рекомендацию людям, чтобы просто отвести на молитву какое-то время и с полным вниманием её говорить. Если мы в этот момент произносим не всё правило, а только какую-то его часть, даже маленькую – это не страшно. Потому что главное для Бога, чтобы мы вообще с Ним разговаривали, чтобы мы Ему что-то говорили и открывались Ему. Поэтому тот же Феофан Затворник советовал после любого правила что-то сказать Богу своими словами. А есть люди, которые всё правило заменяют тем, что они что-то Богу говорят своими словами, описывают Ему свою ситуацию, что с ними происходит, как они себя чувствуют, что у них на сердце.

Молитва за другого человека очищает наше отношение к нему. Очищает от пристрастия, от какого-нибудь страстного увлечения, от желания присваивать, желания владеть. Старец Сергий Шевич Парижский говорил, что «Любовь может стать не эгоистичной и быть такой, как это задумано Богом, через молитву». А по мысли старца Софрония Сахарова в любой ситуации самую результативную помощь человеку оказывает молитва. Потому что Бог тогда входит в обстоятельства и их меняет. Хотя Он, как правило, делает это не мгновенно, но может, конечно, и сразу. Здесь не предугадать, каждая ситуация абсолютно разная.

Допустим, митрополит Вениамин Федченков рассказывал случай, как в его присутствии старец Нектарий Оптинский забыл ключ и пытался открыть какой-то тростинкой двери, но ничего не выходило, и старец сам себе сказал, что без молитвы начал. Перекрестился, призвал Бога и смог какой-то палочкой двери открыть. Поэтому Вениамин Федченков говорил: *«Я и на своём и на чужом опыте убеждался, что употребление имени Божия творит чудеса даже в мелочах».*

Есть такое важное условие молитвы – нам должно быть больно или переживательно за то, о чём мы говорим. Мы должны сердечно соучаствовать в том, о чём мы говорим. И это получается не всегда. Человек может очень часто говорить слова молитвы не сочуствуя им сердечно. Хотя это не идеал, но тот же Иосиф Оптинскийговорил, что «лучше уж питаться чёрствым хлебом, чем вообще быть без хлеба». Но всё равно во время молитвы, молитвенного правила надо хотя бы что-то сказать Богу от души. И когда мы соучаствуем сердцем в том, о чём мы просим, то приходит та самая помощь, которую мы ждём.

Я вспоминаю, как одна христианка читала в книге о том, что сердечное соучастие в скорби другого помогает Богу быстро прийти нам на помощь. Она сидела на скамейке в парке, когда это прочла, а у соседей сильно плакал младенец и ей стало жалко младенца, она о нём переживала. Попросила Бога помочь этому ребёночку, и он перестал плакать. Поэтому, как говорит старец Сергий Шевич: «Молитва за ближнего – это помощь для нас самих», так как она взращивает в нас способность любить. Действительно, молитвой наше отношение к другому человеку очищается.

Есть ещё один важный вопрос, который существенен для всех, кто читает на клиросе или читает молитвы вслух. Когда читаешь молитвы вслух для кого-то или на клиросе, то очень сложно сохранять молитвенный настрой. Тут важно избегать театральности, избегать желания молиться для других. Митрополит Антоний Сурожский советовал одному дьякону, говоря, что, когда ты молишься, то просто говори с Богом. Говори с Богом, а другие пускай подслушивают как ты с ним говоришь. Нам, конечно, не полезно изображать молитву даже для благочестивых целей. Старец Иоанн Крестьянкин советовал одному клирошанину: «Пой, но так, чтобы ты чувствовал скорбь и слёзы народа Божия, чтобы ты плакал вместе с ним». Потому что если человек изображает молитву для кого-то, то это очень узнаваемо, по крайней мере для чистых душ. Антоний Сурожский приводил один такой смешной пример, когда мама вычитывала правило для ребёнка, и когда она всё вычитала, то ребёнок её спросил: «Мама, ты уже прочитала правило, можно, наконец, помолиться?».

Нужно сказать, что вообще всякое устремление души к Богу – это молитва. Поэтому даже маленький ребёнок, который ничего не говорит, может тянуться устремлением к Богу и это тоже будет молитвой. А взрослый может жить перед Богом, может жить в чувстве Его присутствия как, впрочем, и ребёнок. Говоря о такой молитве, нужно вспомнить, что людям бывает только кажется, что Бог у них в душе и они просто прикрывают этой фразой свою духовную лень. Потому что присутствие Бога в душе ошеломляет человека. Однако, может проявляться и тихо, и как угодно, и оно даёт ликующее переживание о жизни, или постоянное ощущение тихого внутреннего света, который затемняется, если человек сделал что-то неправильно. Но через молитву «Прости, Господи!» этот свет снова наполняет душу в полноте и человеку становится хорошо.

Существует молитва и без слов, когда человек просто находится в этом ощущении Бога. И это ощущение Бога, как говорил Василий Великий является его молитвой.

ВЗГЛЯД СВЯТЫХ ОТЦОВ НА ЦЕРКОВЬ И МИР

Святой Феофан Затворник пишет: *«Жизнь семейная и гражданская сама по себе не есть мирская, а бывает такою, когда в порядки такой жизни втесняются страсти и удовлетворение их».*

Часто вам придётся слышать мысль противоположную высказыванию святого Феофана. Людям кажется, что церковь – это монахи и священники, а все остальные – это миряне и статисты, которые не играют особой роли в церковной жизни. Такое мнение идёт от непонимания того, что церковь есть тело Христово, в котором каждый несёт своё служение. Служение предстояния в общине и духовного совета (священническое), хотя и важное, но не единственное. Каждый человек церкви равно важен для Господа, а людское достоинство измеряется не саном, а личной благодатью человека.

Существует такое понятие как «лаик» – верный христианин. Любой человек, который крещён и живёт церковной жизнью — это лаик. А священник – одно из церковных служений. Кто-то церковный сторож, кто-то священник, кто-то учитель, кто-то иконописец, а кто-то мама христианского ребёнка и так далее. Священническое служение важно, но оно не отменяет всех других служений и не возвышается над ними, так как церкви вообще чужда идея возвышения в смысле превозношения. Священник есть слуга всем по любви ко всем.

То же касается и епископского сдлужения.

Святой Филарет Московский, например, о себе говорил, что *«Если другие люди смиряются, называя епископов владыками, то сами епископы не должны забывать, что они всего лишь смиренные служители».*

В истории церкви за 2000 лет среди десятков тысяч почивших епископов встречались многие, кто считал себя никак не служителем, но гордым удельным князем своей епархии. В таких случаях народ, как правило, просто терпел, пока епископа гордеца не сменит епископ служитель. Важно и то, что среди тех епископов, которых церковь назвала святыми, нет ни одного владетеля, но только те, кто ощущал себя служителем всех приходящих к нему людей. Это и понятно — ведь святой всегда имеет смирение, а потому считает всех прочих людей лучшими себя.

Церковь не делит служения на более и менее благодатные, потому что стяжать личную благодать и освятить ею мир — задача каждого человека в независимости от того, какое служение на земле он несёт. Величие души человека определяется, прежде всего, его отношением к Богу.

Поэтому мирская жизнь с точки зрения отцов, в том числе и святого Феофана Затворника — это не жизнь человека живущего вне монастыря, но того, кто живёт по своим страстям, по закону мира сего.

Когда человек решает, как ему жить — он выбирает по какому пути ему идти. Святые отцы выделяют три глобальных пути ко спасению, не противопоставляя одно другому, а указывая на их глубинную связь. Это брачная жизнь, монашеская жизнь и жизнь в девстве, когда человек не уходит в монастырь, но много молится и служит бедным, больным и всем тем, кто страдает. Каждый путь освящён своими святыми и праведниками. Например, по пути девства шли святая Елизавета Феодоровна и старец Николай Гурьянов, который был целебатом, или святой Григорий Богослов, который жил в девстве, но монашеских обетов не давал.

Все три пути органически связаны своей целью — на каждом из них нужно достигнуть святости. Все три полностью равны по своему достоинству и в глазах церкви, и для Бога. Это очень важный момент, так как у некоторых святых отцов монахов мы можем найти такие мысли, что монашество выше брака, но всё же согласие отцов учит о равенстве всех трёх путей.

Когда мы говорим о великих, таких как Моцарт и Бах, Гумилёв и Уитмен, то рассуждать о том, кто выше неправильно, так как в своей настоящести они все равно велики друг другу. То же самое и со святыми, при всей разности они равно прекрасны. Но путь того или иного святого может быть более близок пути нас с вами, а потому именно его путь помогает нам спасаться больше, чем другие.

Идея принижения брака перед монашеством есть идея, которая идёт от блаженного Августина. Нам же важно увидеть, как рассуждает на эту тему согласие отцов. Приведём некоторые их высказывания:

Святой Василий Великий: «*Человеколюбец Бог, пекущийся о нашем спасении, дал жизни человеческой двоякое направление, то есть супружество и девство, чтобы тот, кто не в состоянии вынести подвига девства, вступал в сожитие с женою, зная то, что потребуется от него отчёт в целомудрии, святости и уподоблении тем, которые в супружестве и воспитании детей жили свято*».

Святой Амфилохий Иконийский: «Беседа о девстве и браке»: «*Говоря так, возлюбленные, мы не возбуждаем войны между браком и девством, но удивляемся тому и другому, как необходимым друг для друга, так как Вла-*

дыка и Предусмотритель *того и другого не противопоставляет одно другому, ибо в том и другом есть благочестие, и без честного благочестия нет ни достохвального девства, ни честного брака».*

Святой Николай Сербский: *«Среди учеников Спасителя, апостолов и мироносиц, было много брачных и небрачных».*

Святой Иоанн Златоуст: «Слово третье к верующему отцу»:

«Но скажет кто-нибудь, не одно и то же - погрешит ли мирянин, или навсегда посвятивший себя Богу; так как не с одной высоты падают оба они, то и раны у них не одинаковы. Ты очень заблуждаешься и обманываешься, если думаешь, что иное требуется от мирянина, а другое от монаха; разность между ними в том, что один вступает в брак, а другой нет, во всем же прочем они подлежат одинаковой ответственности. Так, гневающийся на брата своего напрасно, будет ли он мирянин или монах, одинаково оскорбляет Бога, и взирающий на женщину ко еже вожделети ее, будет ли он тем или другим, одинаково будет наказан за это прелюбодеяние (Матф. V, 22, 28). Если же можно прибавить что-нибудь по соображению, то - мирянин менее извинителен в этой страсти; потому что не все равно, тот ли прельстится красотою женщины, кто имеет жену и пользуется этою утехою, или будет уловлен этим грехом тот, кто вовсе не имеет такой помощи (против страсти). Также клянущийся, будет ли он тем или другим, одинаково будет осужден, потому что Христос, когда давал касательно этого повеление и закон, не сделал такого различия и не сказал: если клянущийся будет монах, то клятва его от лукавого, а если не монах, то нет, а просто и вообще всем сказал: аз же глаголю вам не клятися всяко (Матф. V, 34). И еще сказав: горе смеющимся (Лук. VI,

25), не прибавил: монахам, но вообще всем положил это правило; так Он поступил и во всех прочих, великих и дивных повелениях. Когда напр. Он говорит: *блажени нищии духом, плачущии, кротцыи, алчущии и жаждущии правды, милостивии, чистии сердцем, миротворцы, изгнани правды ради, несущие за Него от внешних (неверующих) упомянутые и неупомянутые поношения* (Матф. V, 3-11), то не приводит названия ни мирянина, ни монаха: такое различение привнесено умом человеческим. Писания же не знают этого, но желают, чтобы все жили жизнию монахов, хотя бы и имели жен".

Святой Симеон Новый Богослов: «*Ни мир, ни житейские дела не мешают исполнять заповеди Божии*».

Святой Симеон Новый Богослов: «*Покаяние – дело и монахов и женатых в равной мере, и тот, кто имеет жену и детей и слуг и большое хозяйство кто богат и занят мирскими делами, может «плакать ежедневно», и молиться и каяться и даже достигать совершенства добродетели*».

При этом мы читаем у отцов о необходимости удаления человека от мира.

Что есть удаление от мира по мысли святых отцов? Для того, чтобы понять это, надо знать, что мирское для отцов – не брак, а страстное устроение души.

Святой Иоанн Лествичник пишет: «*Удаление от мира – борьба со страстями у умерщвление своей воли*».

Каждый путь украшен своими святыми. Святой Николай Чудотворец был монах, а святой Спиридон Тримифунтский был женат и имел дочь, но они равно угодили Богу.

Одни апостолы были женаты (Пётр, Симон) а другие безбрачны. Были даже апостольские семейные пары: Андроник и Юния, Акилла и Прискилла.

Святые отцы не связывали совершенство только лишь с монашеством. Златоуст, рассуждая, говорит, что все христиане получили заповедь быть святыми, и брак не может помешать в этом, а монашество не может помочь, хотя оно есть удобная форма служения Господу. В конечном итоге всё дело в личной жертвенности, способности жить для других и уступать ближнему своё земное счастье.

Приведём несколько современных примеров высоты жизни не монашеской.

Одна удивительная женщина в храме, куда я тогда ходил, старалась постоянно помогать всем нам. Неимущим она покупала еду и лекарства, унылых ежедневно ободряла. Каждому, искавшему дружбы, была искренним другом и могла поддержать всякого человека. Она помогала даже священнику этого храма, и была одним из тех людей, кто его действительно глубоко понимал. При этом она постоянно посещала больницы, интернаты, детские дома и инвалидов. О совершенстве её души шепотом говорили священники. Она никогда никому ни в храме, ни дома, ни на работе не ответила злом на зло, хотя её очень часто обижали разнообразные фарисеи и лицемеры. Обиды были серьёзными. Например, она помогала своими руками строить иконную лавку. В прямом смысле месила бетон и носила кирпичи. Когда же лавка была построена, то свечница по личной неприязни не пускала её туда даже на порог. Но эта женщина не стала жаловаться священнику. Глядя на неё душа вспоминает всё самое светлое и высокое, что есть на свете.

Ещё одна такая женщина похожа на солнышко, к которому тянутся все – бездомные, больные, убогие и грустные. Для каждого у неё находится доброе слово и неизменная материальная помощь. Каждый день она прилагает труды к трудам, чтобы кормить, одевать и радовать множество стариков, инвалидов и больных людей, ждущих её заботы. Она лучится радостью, глубока, прекрасна душой и мудра. При этом всю жизнь терпит страдания.

Дикий отчим непрерывно в течении 45 лет избивает её, её детей и её мать. Приходится ей терпеть и множество разнообразных проблем с её детьми, один из которых тяжело болен психической болезнью. Но она неизменно радостна и умеет вдохновлять других. Можно сказать, что она – прижизненный свидетель Воскресения.

Или святой Филарет Милостивый, который имел большую семью и раздавал свои богатства. Из жития Филарета Милостивого мы знаем, что он был богат. Но чем больше он возрастал в святости, тем больше раздавал. Желание всё отдать другим возрастает вместе с святостью человека. Об этом пишет святой Василий Великий. Для спасения это не требуется, но когда человек ищет совершенства, он раздаёт, хотя Бог постоянно ему прибавляет. В это состояние человек входит не по приказу извне, но по мере стяжания благодати. Ведь любящий жену или мужа, хотел бы всё отдать своему супругу. А благодатный любит не только семью, но ещё многих людей, поэтому многим и раздаёт. Именно по этой причине Максим Исповедник говорил: *«Твоё только то, что ты отдал»*, а Иоанн Златоуст: *«Всё моё так же принадлежит и вам»*.

На каждом из этих трёх путей жизни человек должен научиться любить всех – не только мужа, детей или товарища по кельи, но всех вообще, при этом всех любить одинаково, не кого-то больше, а кого-то меньше, но каждого одной и той же любовью. Ведь Христос любит и святого Серафима Саровского и каждого из нас одинаково. И это – образ для нас.

Только в девстве и в монашестве человек учится сразу всех любить одинаково, а в семье сначала близких, а научившись любить близких – уже всех.

Одна мудрая христианка когда вышла замуж говорила: «Зачем мне дан муж? Затем, чтоб я его научилась любить, а через него научилась любить всех так же как мужа».

Святой Поликарп Смирнский пишет об этом в «Послании к Филлипийцам»: *«Потом учите и жён ваших, чтобы они пребывали в данной им вере, любви и чистоте, чтобы любили мужей своих со всею искренностью и всех других».*

Одна девушка пришла к старцу попросить благословения поступить в монастырь, и старец ей говорит слова, которые могут показаться очень странными, пока не вдумаешься в них. Он сказал: «Ты не умеешь любить, потому не иди в монастырь, а выходи замуж».

Эти слова означают, что прежде чем прийти к вершине – любви ко всем, легче полюбить кого-то одного.

О внутренней связи всех трёх путей пишет святой Феофан Затворник:

«На семейную и гражданскую жизнь есть заповеди. Если так завести эту жизнь, чтобы в ней господствовали заповеди, с прогнанием всего страстного, тогда это будет не мирская, а святая жизнь, Богом благословенная».

И его же:

«Путей спасения столько, что не перечтёшь. Все – в душе, а не во внешнем положении».

А вот, что Феофан говорит о пути девства:

«Монастырь – не единственное место для тех, которые не хотят обязываться семейными узами. Сначала и совсем не было монастырей. Которые решались работать Господу, не связываясь житейскими хлопотами, в своём же доме устраивали себе уединённую каютку и в ней жили отчуждённо от всего, в постах, молитвах и поучении в Божественном Писании... и теперь из безбрачных иные дома спасаются, а иные идут в монастырь, а иные берутся... ходить за больными в сёстрах милосердия».

Патролог Алексей Сидоров в ходе исследований так же пришёл к выводу, что *«Нет аскетизма монашеского или мирского, аскетизм один».*

В православии много святых семей и много святых людей живших в браке. Митрополит Антоний Сурожский говорит, что их миллионы – кто себя ничем в жизни драматически не проявил, но жил на земле в такой чистоте, что через них лился на землю небесный свет.

Святой Василий Великий говорит, что у самой Владычицы Богородицы был обручником Иосиф, и это для того устроил Бог, чтоб и девство было похвалено и брак был почтён.

Митрополит Вениамин Федченков рассказывает, как шёл с человеком мимо дореволюционного кладбища, и тот сказал: «Святые лежат».

Вениамин ему: «Почему святые?».

А он: «Так ведь при крепостном праве жили, смирялись, тихие. А работали как…»

И Вениамин с ним согласился.

То, что святым может стать проходящий любой из трёх путей – засвидетельствовано множеством святых на каждом пути. Вот как рассуждает об этом Иоанн Златоуст.

Святой Иоанн Златоуст: «*Апостол Павел писал это (послания), не монахам только, но всем, живущим в городах. Мирянин не должен ничем отличаться от монаха, кроме одного только законного сожительства с женою; на это он имеет позволение, а на всё прочее – нет, но во всём должен поступать одинаково с монахом. И блаженства Христовы изречены не монахам только, иначе всё погибло бы во вселенной и мы могли бы укорять Бога в жестокости.*

Если блаженства сказаны только для одних монахов и мирянину достигнуть их невозможно, а между тем Бог дозволил брак, то Он Сам погубил всех, ибо если в брачной жизни невозможно исполнить свойственное монахам, то всё исказилось и погибло, то круг добродетелей тесен. Как будет брак честен если он служит нам таким препятствием к добродетели? Что же следует сказать? Возможно, очень возможно и имеющим жену быть добродетельными, если пожелают. Каким образом? Если они, имея жён, будут, как неимеющие. Если же некоторые находили в браке препятствие к добродетели, то пусть знают, что не брак служит препятствием, а воля, злоупотребляющая браком, подобно как не вино производит пьянство, но злая воля и неумеренное его употребление. Пользуйся браком умеренно, и ты будешь первым в Царстве Небесном и удостоишься всех благ».

Интересно, что в молодости Иоанн Златоуст считал что монашество выше брака, но встретившись со святыми диаконисами и святой Олимпиадой, которая была недолгое время замужем, он полностью переменил своё мнение, увидев высоту и святость их жизни. Потому в ранних проповедях Златоуста говориться, что монашество выше брака, а потом, когда он и сам возрос в святости и мудрости, он стал говорить иначе.

Приведём его высказывания по этому поводу:

Святой Иоанн Златоуст: *«Разве брак – препятствие к добродетели? Разве Моисей не имел жены? Авраам? Филипп? Пётр? Жена изгнала из рая? Но она же и ввела туда!».*

Святой Иоанн Златоуст: *«Хорошие супруги не меньше монахов, и даже часто супруги показывают добродетель большую, чем живущие в монастырях».*

Святой Иоанн Златоуст: *«Благословение рождения дано раньше греха. В рождении людей средство для достижения высокой морали».*

Таинство – взаимная любовь супругов. Таинство брака – вся брачная жизнь, а не только момент венчания.

Это потому, что жизнь в любви – таинство наивысшее. Златоуст говорит, что верные и добрые супруги и в вечности не разлучатся, а будут предстоять Богу и всех любить.

Как выбирается один из трёх путей?

Он вырастает из глубины сердца, из всей прожитой жизни, из устремления человека. Схиигумен Савва Остапенко говорит, что, если ты с ужасом думаешь о создании семьи, значит ты близок другому пути. Старец Тихон Агриков замечает, что Бог устраивает жизнь человека по тайному желанию человеческого сердца. То есть Бог не понуждает нас, а Сам ждёт, что же мы выберем. Это вовсе не значит, что момент пока мы выбираем, это будто бы какое-то упущенное время – это время когда мы духовно растём. Святые очень редко указывали человеку какой путь ему выбрать, только если видели, что устремление сердца сформировалось, допустим, идти в монастырь, а человек влюбился. Не полюбил, а влюбился, – тогда старцы говорили прямо. Или наоборот – человек мечтает о монашестве, но не понимает, что это такое, просто у него такие романтические мечты – тогда старцы указывали ему на женитьбу. Святой Николай Сербский пишет девушке, которая выбирает между браком и монастырём: *«Чадо, если колеблешься, то знай: ты скорее за брак, чем за монастырь"*.

Златоуст говорит о многочисленности путей, на которых можно угодить Богу. Так же говорит и святой Иустин Сербский.

Брак, монашество и девство есть части одного пути и внутренне едины между собой.

Святой Василий Великий говорил, что и для вступивших в брак написано Евангелие, и его совершенства есть удел не только девственников.

В церковном сознании нет противопоставления «монахи – миряне» или «духовенство – миряне», где одни как бы посвящённые, а другие как бы профанные. Существует другое святоотеческое противопоставление: «Церковь – мир». Церковь – как царство Троицы и Её любви, а мир – не вселенная, а страсти и зло. Каждый человек может исполнять волю Божию, а может её не исполнять.

Поэтому человек любого из трёх путей может исполнить Господню волю о достижении собственной святости.

Об исполнении воли Божией на любом месте и в любом деле пишет святой Феофан Затворник в своей книге: «Что есть духовная жизнь и как на неё настроиться»:

«Цель жизни точно надо определенно знать. Но мудрено ли это? И не определена ли уже она? Общее положение такое, что как есть загробная жизнь, то цель настоящей жизни, всей, без изъятия, должна быть там, а не здесь. Это положение всем ведомо, и толковать об нем нечего, хоть о нем меньше всего помнят на деле. Но поставьте Вы себе законом для жизни Вашей всеми силами преследовать эту цель- сами увидите, какой свет разольется оттого на временное Ваше на земле пребывание и на дела Ваши. Первое, что откроется, будет убеждение, что, следовательно, все здесь есть только средства для другой жизни. Относительно же средств один закон: употреблять их и пользоваться ими так, чтоб они вели к цели, а не отклоняли от нее и не поперечили ей.

Спрашиваете: «Надо же что-нибудь делать?» Конечно, надобно. И делайте, что попадется под руки, в Вашем кругу и в Вашей обстановке - и верьте, что это есть и будет настоящее Ваше дело, больше которого от Вас и не требуется. Большое заблуждение в том, когда думают, будто для неба или по-прогрессистски - для того, чтоб сделать и свой вклад в недра человечества, надо предпринять большие и громкие дела. Совсем нет. Надобно только делать все по заповедям Господним. Что же именно? Ничего особенного, как только то, что всякому пред-

ставляется по обстоятельствам его жизни, чего требуют частные случаи, с каждым из нас встречающиеся. Это вот как. Участь каждого Бог устрояет, и все течение жизни каждо-го - тоже дело Его всеблагого промышления. Следовательно, и каждый момент и каждая встреча. Возьмем пример: к Вам приходит бедный - это Бог его привел. Что Вам сделать надо? Помочь. Бог, приведший к Вам бедного, конечно, с желанием, чтоб Вы поступили в отношении к сему бедному, как Ему угодно, смотрит на Вас, как Вы в самом деле поступите. Ему угодно, чтоб Вы помогли. Поможете? Угодное Богу сделаете - и сделаете шаг к последней цели: наследию неба. Обобщите этот случай - выйдет: во всяком случае и при всякой встрече надобно делать то, что хочет Бог, чтоб мы сделали, а чего Он хочет, это мы верно знаем из предписанных нам заповедей. Помощи кто ищет? Помоги. Обидел кто? Прости. Сами обидели кого? Спешите испросить прощение и помириться. Похвалил кто? Не гордитесь. Побранил? Не сердитесь. Пришло время молитвы? Молитесь. Работать? Работайте - и прочее, и прочее, и прочее. Если, все это обсудивши, положите Вы так во всех случаях действовать, чтоб дела Ваши угодны были Богу, быв совершаемыми неуклонно по заповедям, то все задачи относительно Вашей жизни решатся этим полно и удовлетворительно.

Скажете: «Но как же, образ жизни все же надобно избрать и определить?» Да где же это нам с Вами определить? Станем обдумывать - и пойдет путаница в голове. Лучше и надежнее всего принять с покорностью, благодарностью и любовию то определение, какое изрекает Бог течением обстоятельств жизни.

Но все же главным образом внимание должно быть сосредоточено на исполнении заповедей. Уже веруем - что еще? Твори заповеди - ибо вера без дел мертва. И благодарение Господу, что Ему угодно было ценность дел наших определять не их широтою и великостию, а внутренним нашим расположением при делании их, окружив между тем нас премножеством случаев к деланию дел по воле Его, так что, если внимаем себе, можем поминутно делать дела богоугодные. Для этого нет нужды ходить за море, как прогрессистки, а смотри около всякий день и час; на чем видишь печать заповеди, исполняй то неотложно в том убеждении, что такого, а не другого дела требует от тебя в этот час Сам Бог.

Потрудитесь и еще крепче установиться в такой мысли. Как только установитесь, начнет покой приливать к Вашему сердцу от уверенности, что всякую минуту Вы работаете Господу. Это начало все обнимает. Даже когда Вам велят заштопать чулок меньшему брату и Вы сделаете это ради заповеди Господней - слушаться и помогать, это будет причтено к сумме дел, Богу угодных. Так всякий шаг, всякое слово, даже движение и взгляд - все можно обратить в средство ходить в воле Божией и, следовательно, поминутно двигаться к последней цели».

Своей жизнью мы освящаем или оскверняем мир.

Мир освящает человек причастный благодати Святого Духа. Эта благодать даётся нам в крещении, но может ничем не проявиться если человек не живёт по-христиански. Поэтому апостол и говорит *«Кто духа Христова не имеет, тот и не Его»* (Рим 8:9).

Оскверняет человек мир когда живёт по страстям, но мы всё равно должны и помнить и чувствовать что «По своей божественной, логосной сути, жизнь есть рай» (слова святого Иустина Сербского). Святые несмотря ни на что пасхально и радостно видят мир.

Пасхальное видение мира это реальное чувство, что Бог до последней глубины рядом и родной. Отсюда рождается ощущение ненапрасности каждой секунды твоей личной жизни и чувство что ты живёшь как в сказке. В этой сказке может быть дракон, но ты знаешь, что дракон будет обязательно побеждён и не разорит волшебное царство. Бог возвышает и над твоими страданиями и они превращаются в испытания и, одновременно, Господь постоянно говорит твоей душе, что всё и окончится хорошо, и сейчас уже хорошо. В общем, пасхальное видение мира – это Царство Небесное которое хоть в малой степени может быть в сердце человека «Царство Божие внутрь вас есть» (Лк 17:22).

Между тремя путями существует различие в формах выражения святости и праведности, но и единство в цели.

Вот что пишет об этом святой Иоанн Лествичник: *«Спрашивали меня миряне: как мы, живя с жёнами и оплетаясь мирскими попечениями можем коснуться совершенной жизни?! Я ответил им: «всё доброе, что только можете делать, делайте: никого не осуждайте, не окрадывайте, никому не лгите, ни перед кем не возноситесь, ни к кому не имейте ненависти, не оставляйте церковных собраний, к нуждающимся будьте милосердны, никого не соблазняйте, не касайтесь чужой чести и сохраняйте верность жёнам вашим. Если так будете поступать, то недалеко будете от Царствия Небесного».*

Старец Паисий Афонский в книге «Семейная жизнь» так говорит об этом:

«Есть миряне, живущие очень духовно. Они живут как подвижники: соблюдают посты, совершают службы, молятся по чёткам, кладут поклоны – несмотря на то что у них есть дети и внуки. По воскресеньям такие люди идут в церковь, причащаются и снова возвращаются в свою "келью", подобно пустынникам, которые в воскресный день приходят в соборный храм скита и потом опять безмолвствуют в своих каливах. Слава Богу,

в мире много таких душ. И если говорить конкретно, то я знаю одного главу семьи, который постоянно творит Иисусову молитву – где бы он ни находился. Этот человек всегда имеет в своей молитве слёзы. Его молитва сделалась самодвижной, и его слёзы сладки, это слёзы божественного радования. Помню и одного рабочего на Святой Горе. Его звали Янис. Он трудился на очень тяжёлых работах и работал за двоих. Я научил его творить во время работы Иисусову молитву, и постепенно он к ней привык. Однажды он пришел ко мне и сказал, что, творя Иисусову молитву, чувствует большую радость. "Забрезжил рассвет", – ответил я ему. Прошло немного времени, и я узнал, что этого человека убили два пьяных хулигана. Как же я заскорбел! Прошло еще несколько дней, и один монах стал искать инструмент, который Янис куда-то положил, но не мог найти. И вот Янис явился ему во сне и сказал, куда он положил этот инструмент. Этот человек достиг духовного состояния и мог помогать другим и из жизни иной.

Насколько же проста духовная жизнь! Возлюбив Бога, признав Его великую Жертву и Его благодеяния и с рассуждением понудив себя к подражанию Святым, человек быстро освящается. Лишь бы он смирялся, чувствовал своё окаянство и свою великую неблагодарность Богу».

Доверие Богу очень важно в духовной жизни. В Евангелии есть такие строки: «Любящим Бога всё содействует ко благу» (Рим 8:28). Отец Никон Воробьёв, объясняя этот текст говорит, что даже наши грехи содействуют нам ко спасению, не потому что грех это хорошо, а потому что совершая грех мы смиряемся, смирение привлекает к себе благодать Божию, в этом и заключается спасение.

Любая профессия может быть освящена молитвой и праведной жизнью человека.

Женатому и монаху равно надо учиться доверяться Богу. И тому, и другому это доверие даётся, как правило, через подвиг.

Святой Амвросий Оптинский говорит: *«Не беспокойся много об устройстве судьбы. Имей только неуклонное желание спасении, предоставив Богу, жди его помощи, пока не придёт время».*

Даже при том, что существуют три пути ко спасению, никогда конкретный путь одного человека к Богу не будет похож на путь другого человека не смотря на внешнее сходство. Поэтому задача духовника вести пришедшего по его пути, а не по тому, что духовник хотел бы для этого человека. Поэтому старцы не нарушали свободу человека, как бы послушнику ни хотелось инструкций и правил, но личный путь к Богу всегда творческий.

Из нашего мира уходит желание и умение жить подвигом. Терпеть ради преображения, исцеления отношений и себя самого. Быть готовым умереть за то, что решилось полюбить сердце. Хотя многие ещё согласятся с Конфуцием: «Умереть от голода – небольшое дело, утратить мораль – большое», но на практике мало кто будет готов умереть от голода, ради того, чтобы всё совершить праведно. Ведь наша жизнь имеет цену только тогда, когда нам есть за что умирать, чему отдавать себя. Актуализировать родство к человеческому роду, быть всем для всех или хотя бы попытаться так жить – вот труд достойный людского величия.

Путь к себе настоящему, путь к другим, путь к Богу – это триединый путь. Человек идёт этим путём только по мере жертвы. Насколько он отдаёт себя, настолько подлинное бытие совершается в нём. Если стать святым действительно сложно, то быть героем должно быть естественно для христианина. Герой героичен именно тем, что не живёт для себя. Ему не нужно ни самоутверждение, ни положение в обществе, ни власть, ни деньги, ни комфорт, ни удовольствие, но только свет в сердцах тех, кто любим им. Герой даже не думает, куда Бог поместит его после смерти – он всецело доверяет решению Христову и волнуется только о том, как бы больше, вернее и чище послужить тому Богу, Который ему дорог. Дорог не ради наград, сам герой может вести жизнь, с точки зрения всех других, очень трудную. Он никогда не ропщет, ибо ищет не покоя телесного, а всех и каждого вобрать в своё сердце, чтоб его «Я люблю» было чистым, верным и в полную меру являло измученному миру Христа.

Как бы ни складывались внешние судьбы мира, Господь присутствует в жизни каждого человека, и желая каждому достичь святости, ведёт нас к ней теми особыми путями, которые из всех живущих и живших свойственный только тебе одному…

ДУХОВНИЧЕСТВО В ПРАВОСЛАВНОЙ ТРАДИЦИИ

Вопрос духовничества, духовного наставничества в православной церкви существует в сложной антиномии, обе части которой необходимо учитывать, касаясь этой нелёгкой проблемы. Само по себе наставничество и ученичество так важны, что Феофан Затворник зовёт присутствие духовного отца в жизни христианина одним из четырёх необходимых условий для спасения, наряду с участием в таинствах. Однако вся глубина и красота таких отношений ученика-старца может существовать лишь там, где церковные отношения здоровы, а церковь есть такое Тело, где, как говорила моя мама, почти каждая клеточка его больна. Там, где люди болезненны (а это повсеместно), там, где священники неопытны (это почти всегда), духовничество превращается либо в игру либо в тоталитарную секту с ужасающими последствиями для пары ученик-учитель. *«Если слепой ведёт слепого, то оба упадут в яму»* (Мф 15:14).

При этом такие отцы-подвижники как Симеон Новый Богослов или Софроний Сахаров были уверены, что каждый ищущий подлинного старца для того, чтоб научиться у него настоящести и святости, обязательно найдёт такого учителя, потому что не неправеден Бог, чтобы отказать желающему самого важного в христианстве. Ищущий таких отношений должен уже иметь в себе какое-то предвкушение духовного здравия. Вокруг старцев всегда крутится множество странных, придурковатых, мнительных, истеричных личностей, которых общение с современным им святым наставником ничуть не исправляет. То есть, будущий ученик должен уже быть во многом здоров, чтобы воспринять здравое церковное учение старца. Как писал в одном из своих рассказов фантаст Роберт Шекли: *«Чтобы правильно задать вопрос нужно знать бо́льшую часть ответа».*

Когда такой здравый человек ищет святого наставника, он его всегда находит, в то время как какой-нибудь невротик или истероид может истратить десятилетия на поиски наставника, но или ничего не найти, или отыскать неопытного и харизматично-властного священника по своему вкусу.

Изначально здравые люди, кого я знал лично, приходившие за годы церковной жизни к необходимости ученичества, в конце концов приходили в ученики (к примеру по переписке) к кому-то из современных им старцев (чаще всего афонской традиции).

Потому читая всё, что в церковном учении существует о духовничестве, нужно всегда иметь ввиду, что все эти советы и рекомендации рассчитаны на здравого ученика и святого учителя, не исключением чего является и эта книга.

Старец Иоанн Крестьянкин говорил: *«Главное в духовной жизни есть вера в Промысел Божий и рассуждение с советом».*

У Иоанна Лествичника есть мысль, что, когда человек пытается выйти из пустыни незначимых дел и греха, и прийти в рай, ему необходим такой человек, который знал бы дорогу туда, знал бы трудности и опасности такого пути.

Духовник крайне нужен на всех этапах духовной жизни. Даже у патриархов есть духовные отцы или должны быть. Человек не может сам спастись без духовного отца.

Один современный монах 30 лет жил на Афоне под руководством духовника, но духовник умер и он не выбрал себе другого наставника и заблудился духовно, впал в прелесть, возомнил себя святым, стал творить чудеса, но всё это было исполнено гордости. Стал зилотом (отделился от православной церкви и ушёл в раскол), а в конце концов сошел с ума, его забрала его сестра — настоятельница монастыря в Европе и лишь там он пришел в себя, стал руководствоваться монастырскими духовниками, их советами, исцелился, вернулся в церковь, и умер в мире с совестью.

Духовник не начальник — он нам слуга из любви к Богу и нам. Святой Симеон Новый Богослов говорит об этой любви так: *«Иди ко мне, дитя моё, я отведу тебя к Богу».*

Духовник любит своего ученика и по любви прозревает в нём образ Божий, а так же и то, что мешает этому образу раскрываться правильно. Духовник, вглядываясь в человека, помогает тому разрушить грех и страсти, чтобы Дух Святой максимально полно мог действовать в ученике.

Со своей стороны и ученик вслушивается в благодатный образ своего учителя и подражает, прежде всего, живущей в том благодати. Благодать помогает каждому раскрываться неповторимым, только этому человеку свойственным образом. Так, святой Антоний Печерский был отшельником, а его ученик Феодосий основателем общежительного монастыря — Киево-Печерской Лавры. Антоний не сделал из Феодосия копию себя самого, но помог тому раскрыться так, как Бог считал нужным.

Связь духовника с духовными детьми — как мамы с детьми.

Духовник совершает над нами таинство исповеди. Во время исповеди Бог прощает нам грехи.

Духовнику мы говорим не только о своих страстях, но и о том, что нас волнует, огорчает, мучает. Например: дети плохо себя ведут, а мама страдает. Плохое поведение детей – грех детей, а не мамы. Но страдание – мамино. Как его преодолеть? Как исправить детей? Это всё мы спрашиваем у духовника. Страхи, сомнения, огорчения, волнения – всё это человек открывает духовнику, а тот помогает человеку думать правильно. Старец Фаддей Витовницкий говорил: *«Каковы наши помыслы – такова наша жизнь»*. Духовник помогает человеку иметь правильные мысли, рассуждать обо всём по Богу. Такое рассуждение вносит мир в душу ученика.

В шестидесятых годах XX века был такой случай. Один красивый молодой человек приходил к православной девушке, читал с ней Библию и даже собирался сделать предложение. В раздумье она поехала в Почаевскую Лавру. Там повстречала святого Амфилохия Почаевского, который тогда ещё был жив. Святой сел рядом с ней на лавочку и прежде её вопросов, обнял её и сказал: «Вот он так тебя обнимет, приголубит, женится, а через три месяца и бросит».

Когда девушка вернулась в родной город, то узнала, что молодой человек был работником КГБ и только притворялся верующим, чтобы заполучить себе верующую жену. Возможно ему казалось, что такая жена будет во всём ублажать мужа и ни в чём не станет противоречить… Узнав такое девушка разорвала с ним отношения.

В чём же была основная помощь, оказанная девушке святым? Он помог ей найти правильные мысли в той ситуации, в которой она оказалась. Правильные мысли – залог правильной жизни.

Одна из самых дорогих фраз наследия старца Паисия Афонского, это *«Я понесу твою котомку»,* то есть возьму на себя твою боль. Что бы с тобой ни случилось, знай, я не оставлю тебя и сделаю всё, чтобы ты не страдал, а если это будет не в силах людских, я буду просить любимого Христа до тех пор, пока Он поможет тебе. Таково отношение духовника к своему ученику. Но и ученик со временем научается именно такому отношению.

У современного человека часто отсутствует способность духовного постижения мира, духовного взгляда и вникновения в происходящие события. Он привык жить на поверхности вещей, явлений, которые все имеют не замечаемую им духовную основу. Он измеряет происходящее не как правильное и не правильное, а «мне нравится, выгодно, и даже круто, прикольно» или «мне не нравится».

Так человек делает себя маленьким богом, а с его точки зрения не таким уж и маленьким. Но, будучи тяжело больным страстями, какие удобно развиваются в постоянном самоублажении и отказе от всякого подвига, человек и вокруг себя творит ущербность, болезнь и боль. Выходом из этого могла бы быть только жизнь для других и послушание наставнику. Духовник Богом исцеляет в человеке способность духовного осмысления и постижения мира.

Духовник – слуга всем по любви ко всем. Для приходящих к нему он – мама. Для тех, о ком он молится, он – ангел-хранитель. Такой человек ничего своего не имеет, кроме любви. Он знает, что слова, что нет большей любви, чем если кто душу положит за ближних, означают, что он готов отказаться от своего места в раю ради того, чтоб в рай были приняты те, кого любит он. Нет такого времени суток, когда он не помогает.

Духовник в православной Ирландии средних веков звался «Друг души». Друг души, сочетающейся браком со Христом.

Духовник – спутник к радости. Духовник тот, на чью молитву я могу положиться, потому, что верю – он не отойдёт от Бога, пока не выпросит для меня то важное, без чего я не могу жить.

Об исповеди помыслов

В каких случаях мы можем открывать другому устроение своей души до конца? Это стоит делать в трёх случаях: в разговоре с праведником, в общении с духовником и с единомысленным нам человеком, которому мы дороги и нужны. Во всех этих случаях их слова будут исцелением нашей души. Не всякому священнику мы можем открыть душу, принести исповедь помыслов. Если открывать грехи на исповеди можно любому священнику, то устроение души, мысли, мечты, желания, только тому, кто способен принять такую исповедь.

Святой Василий Великий говорит, что совета спрашивать следует только у духовно опытных, так как неумелый совет навредит нашей душе, будучи советом «вообще», а не к нам. Такого же мнения придерживался и современный афонский старец Порфирий. Не всякий священник воспримет твою душу как таинство, и не всякий не священник этого не сумеет сделать. Поэтому духовные советчики, по мысли старца Софрония Сахарова, *«Это не обязательно только монахи и священники»*. Духовный советчик – тот, кто любовью ведёт меня по дороге в свет.

По мысли святого Игнатия Брянчанинова, таким человеком может быть тот, кто сам когда-то советовался с праведными наставниками и очищал себя для Бога по их советам.

Холодный, нелюбовный совет не может быть истинным.

«Правда, сказанная злобно, лжи отъявленной подобна» – писал Уильям Блейк.

Любовью наставник и советчик может постичь мою душу, мои чаяния, замысел Духа Святого обо мне. Только любовью можно прозреть во мне образ Божий и понять, где он повреждён и требует исправления. Для всего этого нужно, по слову аввы Дорофея, *«относиться к человеку с благоговением»*, как к святыне, и сами отношения считать святыней на которую хочет сойти Дух Святой. Но проводником для Него может послужить и любовь любящих, которая одна вдохновляет на предельную молитву о любимых. Потому что молитва, которая вводит Бога в жизнь другого человека, может быть движима только любовью. Только ею и ничем другим.

Старцы сравнивали духовника с дорожным указателем. Самый точный указатель не отменяет того, что человек проходит дорогу сам.

Духовник должен иметь творческий, не шаблонный подход к человеку. Недопустимы формализм и схоластика, так как каждый человек неповторим и надо найти что именно этому человеку лучше всего подойдёт для его возрастания в духовной жизни.

Старец Иоанн Крестьянкин говорил: *«С формальным подходом можно убить в человеке начатки духа, которые только – только в нём проклюнулись»*.

Приведу пример неформального духовнического подхода к людям.

Впервые своего будущего духовного отца автор этих строк встретил, когда знакомый привёл меня на литургию в храм Рождества Христова. В тот день я был без очков, и не мог разглядеть лицо священника. Но меня потрясла его проповедь. Будучи филологом, я мог отличать слова помазанные Духом от мёртвых, не пережитых слов. А эта проповедь вся была излиянием Духа. Человек говорил о небе, которое знал, как знал и дорогу туда. Спустя несколько дней (а это было летом) мы со знакомым снова пришли в этот храм. Нас встретил какой-то священник, который мне с виду не понравился выражением лица и показался подозрительным. Я подумал, что ту проповедь говорил кто-то другой. Этот же батюшка попросил нас засыпать привезённой землёй несколько грядок, на которых должны были после посадить траву. Пока мы с товарищем носили землю, я спросил его, какой же всё-таки священник говорил ту проповедь. Товарищ очень удивил меня, сказав, что священник тут один и это тот, кто просил нас засыпать грядки. Когда мы управились с работой и священник благодарил каждого из нас, я, подойдя, сказал: «Меня поразила та проповедь, которую вы говорили несколько дней назад, но ваш вид мне совсем не нравится – вы толстый и подозрительный». Представьте, что сказал бы на его месте гордый или неопытный священник, но этот понял, что я говорю так не желая его обидеть, а чтобы он помог мне совместить в голове его проповедь с его нескладной внешностью. На мои слова он глубоко задумался, скорее всего даже молился, а потом сказал мне: «Помолитесь». То есть сама молитва вам поможет молитвенно вникнуть в ситуацию и в человека, и тогда Сам Бог вам поможет всё понять правильно. Этот ответ поразил и до сих пор поражает меня своей нестандартностью, своей обращённостью к Богу, Который может исцелить душу и исправить неверные помыслы.

Святой Игнатий Брянчанинов говорит:

«Всякий духовный наставник должен приводить к Христу, а не к себе».

Так, в обителях старца Дионисия Каламбокаса монахи говорят: *Бог помог мне через старца*. То есть старец не заслонил Господа, но оказался проводником к Нему.

Качества наставника

1) Духовника отличает духовная рассудительность.

Из всего многообразия советов он выбирает подходящий именно обратившемуся к нему человеку. При этом совет, который даёт духовник, это не просто книжная мудрость, но прочтённое или услышанное и пережитое в личном духовном опыте. Потому такой совет всегда практичен.

В Добротолюбии есть слова, что впадающий в страсть не может научить как не впадать в неё. А не впадающий или боровшийся может, наоборот, подсказать путь борьбы.

Так же в Добротолюбии есть рассказ об авве Филимоне:

Однажды он был спрошен своим учеником:

— Отче, почему из всех книг Писания ты больше всего читаешь Псалтирь?

И преподобный ответил:

— Брат, в моем уме так сильно запечатлелись мысли из псалмов, как будто я сам их создал, как будто от меня пошли эти мысли.

Так и любой совет духовника является советом столь же пережитым, как строки псалмов у аввы Филимона.

Рассудительность духовника происходит от любви. Ею он определяет меру и устроение пришедшего к нему человека.

К святому Порфирию Кавсокаливиту приехала некая известная актриса. Она уверовала в Господа и просила дать ей правило жизни. Святой ограничился несколькими простыми советами. Когда она ушла, ученики спросили его, почему он дал ей так мало? И Порфирий объяснил, что сейчас она больше не понесёт, но у неё сильная душа, и когда огонь любви к Господу станет разгораться, то и правило добрых дел и молитв она себе увеличит.

2) Любовь.

Без неё невозможно правильное рассуждение и размышление. Любовь движет не только «солнце и светила», но и духовника к пониманию, а ученика к приятию услышанного.

Наставником движет жалость по отношению к ученику и стремление ввести душу последнего в радость.

Так, старец Дионисий Каламбокас, когда узнал об одном страдающем человеке живущем в Европе, сам лично приехал к нему и помог. Старец Гавриил Стародуб был таким, что к нему можно было позвонить даже ночью, и он не успокаивался, пока не решал твою проблему.

3) Жизнь в духе святых отцов.

Дух наставника есть тот Дух Святой, Которым живится и всякая праведная душа и вся церковь, а потому его советы внутренне соприродны церковному мировосприятию. Критерий духовности человека – это радость, которую он испытывает даже среди скорбей. И своих учеников такой святоотеческий наставник учит радости. Учит тому, что наш мир пронизан Богом, исцеляем Им, а потом светел и хорош, ведь всюду разлита благодать Господня. Наставник учит светло видеть землю и во всём происходящем замечать Божий промысел, ведущий человека к радости.

По мысли святого Варсонофия Оптинского жизнь есть блаженство. Хотя путь к этому блаженству преображение себя, но для христианина всегда было значимо быть среди тех, кто пришёл или старается прийти к такому мировосприятию и живому ощущению Бога.

Как прийти к ощущению Бога? Как не принять за Бога что-то другое? Как, наконец, жить, если Бог уже коснулся тебя? На все эти и многие другие вопросы ученики получают ответы от наставников. И ответы эти полны света, надежды и радости, которые приходят в сердце того, кто старается жить правильной, благодатно-духовой жизнью в духе святых отцов.

Как найти духовника

Не всякий даже хороший священник может быть духовником. Это связано с тем, что духовная опытность приобретается постепенно, и только теми, кто сам длительное время был (а то и остаётся) послушником своего наставника.

Святой Симеон Новый Богослов был уверен, что любой ищущий правильно найдёт святого или праведного наставника: *«Вот почему и тогда и теперь Бог открывает апостолов, пророков и праведных тем, кто проявляет ревность и заботится о себе самом и вносит своё усилие и творит добро»*.

Однако, человек должен знать, как искать. И Симеон даёт ищущему два совета. Первый – молится Господу об обретении наставника. Второй – совершать добрые дела, чтобы приобрести благодать. Это необходимо для того, чтобы мы могли отыскать праведного наставника по сходству благодати в нём и в нас. Хотя, конечно, в нём благодати будет больше, но это будут всё та же благодать, что и в нас. Именно поэтому старцы оптинские говорили о поиске наставника: *«Свой своего всегда найдёт»*.

Духовный отец рождает нас для духовной жизни.

Старец Кирилл Павлов говорит: *«Настоящий духовник должен принести нас ко Христу»*.

При этом враг рода человеческого старается всеми силами отторгнуть ученика от старца, вселяя недоверие к нему. В связи с этим святой Иоанн Лествичник говорит, что больше всего враг хочет оторвать ученика от учителя. Согрешили и Иуда, и апостол Пётр, но апостола Петра враг не смог оторвать от наставника, а Иуду оторвал именно недоверием ко Христу.

Что такое послушание наставнику и как оно рождается? Рождается оно когда ученик увидит на лице своего будущего наставника сияние вечной жизни и захочет вслушаться в глубины этого человека, стать похожим на него строем духовной жизни. Митрополит Антоний Сурожский говорит, что когда впервые увидел своего будущего духовника, иеромонаха Афанасия Нечаева, то сразу подошел к нему и попросил, чтоб он был его духовным отцом. Поступил так Антоний именно потому, что увидел на его лице свет.

Святой Симеон Новый Богослов говорит: *«Как детям рождаемым невозможно засемениться и родиться без отца, так невозможно родиться свыше, то есть принять благодать Святого Духа и тому, кто не имеет духовного отца рождённого свыше»*.

У него же мы находим: *«Тому, кто ищет духовного отца должно искать человека, который родился духовно и сознательно знает Бога»*.

Послушание исцеляет от гордости. Оно открывает влияние на нашу душу гордого падшего ангела, который сопротивляется послушанию.

Иерей Александр Ельчанинов говорит по этому поводу: *«Самое радикальное средство от гордости – быть в послушании (родителям, друзьям, духовному отцу).*

Настоящий духовник сам образуется из ученика, поэтому духовник должен пройти путь послушания. Многие старцы имели своих старцев и тогда, когда сами уже были старцами.

Отцы разрешали лишь тому не иметь наставника, кто ясно слышит голос Божий внутри себя, подобно, как апостолов в Деяниях вёл Дух Святой. Но даже такие люди не выходили из послушания, пока были живы их наставники. Старец Гавриил Стародуб, когда было некого спросить совета, обращался к проходящему мимо ребёнку и поступал, как тот скажет...

А апостол Павел вспоминает, что спрашивал совета у других апостолов, хотя сам был великим духовником.

Как правило, отцы оставались в послушании у наставника навсегда, за исключением случаев, когда связь с ним была по каким-то причинам невозможна.

Наставнику открывают любую тревожащую мысль и он помогает ученику иметь верный помысел о том, что его волнует. Открывают даже мысли по поводу недоумений в поведении наставников.

Так, некого человека, который неделю не мог встретиться со старцем Дионисием Каламбакосом, старец встречал словами: «Я прошу у вас прощения, что заставил вас волноваться, что я не приеду»...

Но если в данном случае старец сам прозрел печаль ученика, то имея дело с непрозорливым наставником нам придётся открывать ему свои мысли самим, а он поможет уже думать правильно.

Общие положения

Старец Иоанн Крестьянкин говорит: *«Разве родной отец живёт за своё чадо? Так и духовный отец только помощник, советчик и молитвенник ваш, дающий благословение на обдуманное вами предложение».*

И действительно, по мысли отцов и подвижников (к примеру старца Иоанна Крестьянкина) ведущую роль в духовном возрастании человека всегда играет Христос.

Сила духовника в молитве и любви к чаду.

Наше возрастание во Христе измеряется мерой нашей жизни для других.

Многие священники и миряне, которым не доставало в полном смысле дарования старцев, тем не менее были способны к духовному руководству. Вместе с духовным отцовством и материнством всегда существовала возможность духовного братства и сестричества, когда духовный совет даёт нам человек, который не является ни, священником, ни монахом. По слову старца Софрония Сахарова некоторые духовники были мирянами. Например, святая Матрёна Московская, святой блаженный Павел Таганрогский. Были и великие советчики, как например, святая княгиня Елизавета Феодоровна, мученик Иосиф Муньёс.

Духовник есть утешитель человека. Через него Сам Христос утешает человека.

Духовник утешитель

Утешать другого – есть таинство исцеления его души. Далеко не каждый христианин умеет утешать, даже когда ему кого-то немного жалко. Способность утешить даруется человеку за сострадание и она приходит одновременно с даром рассуждения и даже прозрения, не всегда явным, однако, для утешающего человека.

Почему слова диктора радиостанции, который тараторит: «Всё будет хорошо», и такие же слова старца по разному действуют на душу? Почему нас может утешить мама или любимый друг, а священник только тогда, когда, образно говоря, плачет с нами? Потому что утешение есть созидательная и совершающая сила, и она даётся за сострадание.

В «Книге Товита» Ветхого Завета описан случай, когда у девушки Сары 7 раз подряд погибают мужья. Девушка в отчаянии и не хочет жить, а её мать успокаивает её и говорит, что всё обязательно будет хорошо. Её мать – не прозорливая, она не знает, как и что будет. Но говорит так и так исполняется.

Старец Паисий Афонский, будучи солдатом на фронте, спас девушку, которая была командирована возить продовольствие солдатам. Согрев замерзающую, будущий старец, тогда ещё не прозорливый воин Арсений, неожиданно для себя сказал : «Кончилось твоё горе. Скоро будешь дома». Действительно, её очень скоро отпустили с фронта домой.

Подобных случаев много и все они восходят к одному общему духовному закону – когда кому-то кого-то жалко, то всё у того человека обязательно будет хорошо. Если жалко мне, то и Богу жалко. Моя жалость – призыв к Богу, чтобы Он вмешался и подал радость. Почему же вмешательство Бога не было явным до нашей жалости? Потому что Он хотел, чтобы соучастниками обретённой радости, утешенного, были мы.

Жалость открывает человеку ум и он начинает говорить утешаемому воистину Божьи слова. Так бывает когда утешающий духовен. Но жалость к кому-то и делает человека духовным, хотя бы на то время, пока он жалеет.

Образ духовника

Духовник тот, кто служит душе другого на его пути к Богу. Духовник – тот, кому по-настоящему нужен другой. Духовник не ломает волю другого, не навязывает ему свои советы. Он вслушивается в Духа Святого в этом человеке. Вслушивается в то, чего человек о себе хочет и что Бог хочет о нём. Вне страсти это совпадает.

Есть такая старинная английская загадка: «Что сказала первая лягушка?». Она сказала: «Господи, какой прыгучей ты меня создал!». Г.К. Честертон по этому поводу говорит: *«Смотрите – Бог создал лягушку прыгучей и лягушка любит прыгать».*

В глубине души мы таковы, что всё, чего о нас хочет Бог, хотим и мы. Очень многое мешает душе идти её путём. Очень многое мешает Святому Духу действовать в человеке. Духовник разгребает эти заносы и завалы души, чтобы человек вырос в меру своего бесстрастного желания и замысла Божия о нём. Духовник не должен стремиться создать копию себя или копию с некого любимого им святого. В праведности каждый человек неповторим. Духовник ведёт человека к его праведности. Он не лишает человека того, что ему в жизни дорого, но преображает всё в нём. Потому что так поступает Бог с человеком. Не отнимая, но преображая.

Приведу пример такого отношения Бога к человеку.

Моя знакомая студентка до того как стать православной любила праздники, веселье и пение песен. Спустя годы жизни в церкви она заметила, что Бог ничего из этого не отнял: праздники в церкви – каждый день, теперь они для неё – это служба и общение с близкими; веселье – есть веселье души добродетельной; раньше она зарабатывала тем, что пела на свадьбах песни под гитару, а теперь она поёт на клиросе.

Духовник – тот, кто жалостью берёт меня в своё сердце, а мою жизнь в свою. Поэтому нередко лучшие духовники для своих детей – это мамы. Духовник является таковым по мере своей жалости и любви. И то и другое проявляется, в том числе, в молитве в духе апостола Павла, который готов был обменять своё место в раю на спасение и радость тех, кого любил. Духовник проявляет своё отношение и в деятельной любви. Когда он не может жить пока мне плохо и не отойдёт от молитвы, пока не упросит Бога даровать мне радость.

По слову старца Софрония Сахарова, духовники – это не только священники, монахи, не только мужчины. Владычица Богородица с Её кроткой нежностью и деятельной жалостью, с Её духовным взглядом на всё и верой в то, что все несчастные придут в свет – великий образ духовника.

О совете духовника

Когда христианин и священник дают совет, то, бывает, что это совет вообще. Совет обращённый к некому абстрактному идеальному собеседнику, лубочной картинке, не существующей в действительности.

В одном храме на уроке взрослой воскресной школы я рассказал, как трудно было английским прихожанкам Антония Сурожского, потому что в храме стояли десятки бабушек из разных областей России и каждая из них была носительницей своих суеверий. Пока молодая англичанка доходила до чаши, ей делалось множество замечаний: «платок не так одет», «руки сложены не так» и многое другое. На эту историю один из моих слушателей отреагировал, что если человек пришел к Богу, то ему будет всё равно, какие ему замечания сделают.

Такие слова свидетельствуют о том, что христианство многие люди применяют вообще, а не конкретно. Конечно, некому идеальному христианину всё равно, как его ругают. Его ничто не отвлекает от молитвы. Но это – выдуманный образ. Реальному живому человеку больно и его боль не образ, её не исцелить трафаретным ответом.

Пока жизнь Христа не стала жизнью человека, он не может ответить так, как необходимо услышать именно его собеседнику.

Есть, допустим, люди для которых Бог – не Отец, а Мать. По той причине, что отцы их были извергами и для этих людей сравнить Бога с отцом всё равно, что сравнить Его с Гитлером или крокодилом. Если подходить к проблеме трафаретно, то можно решить, что они не правы. А если пастырски мудро, то их можно и нужно понять.

Неопытный священник и христианин давая совет, смотрят на то, что должно быть вообще, а не на душу конкретного человека.

Проповедь

Блаженный Диадох говорил: *«Нет ничего более скудного и бедного, чем философствующий о Боге ум, сам находящийся вне Бога».*

Проповедь, лекция, рассказ о духовном скучны тогда, когда человек говорит то, чего не знает на опыте. Ты говоришь, что христианство это радость. Но как я поверю тебе, если не вижу преображающей радости на твоём лице? Мне важен и опыт борьбы проповедника, и опыт его победы. Прочитать о Боге я могу и сам, но я хочу услышать, что Бог сделал в жизни того, кто мне о Нём говорит. Как складывались их отношения? С чего начинались? Как он преодолевал недовольство Богом и недоверие Ему? Как ощущает Бога и всегда ли ощущает?

Пересказ книг не может заменить личный опыт преображения и богообщения, поэтому человек должен говорить о Боге только то, что есть его личный опыт встречи.

Мне важен не только опыт побед, но и опыт неудачи, поражения, которое не остановило движение души в свет.

Человек, конечно, не сразу побеждает страсть, а по мере борьбы он может научить и меня. Он может сказать о том, чем живёт, и что живёт в нём.

Мне приходилось слышать лекции разных преподавателей по Новому Завету. Лекции эти были очень разные. Так, в семинарии, лектор был настолько далёк от духовной жизни, что своими рассказами вызывал неприязнь к Писанию. Спустя годы я общался с одним семинаристом, который жаловался, что по окончании обучения вообще не может читать Писание и отцов. Я объяснил ему, что даже живые слова сказанные мёртвым сердцем, умирают. Советовал ему несколько месяцев не читать вообще, а потом начать с прочтения тех, кто говорил о Боге, Которого подлинно знал: святого Николая Сербского, митрополита Вениамина Федченкова, митрополита Антония Сурожского. Это помогло, и вскоре человек снова смог читать духовные книги.

Вернёмся к лекциям. Приходилось слышать, как тот же Новый Завет читали преподаватели в других местах, было интересно, увлекательно. Но был один преподаватель, лекции которого действительно были исполнены небесного огня – епископ М.Н. Никогда больше я не слышал, чтобы о Писании говорили так, что оно становилось частью жизни слушателя, а герои писания оживали и оказывались в полном смысле нашими современниками. Дело было не в художественной красоте рассказа, а в поразительной духовной силе, которая от епископа исходила. Рядом с ним мы ощущали справедливость слов Ивана Шмелёва, сказавшего однажды, что «Православие страшно победное».

Сила веры – это Бог, но и Божий человек тоже. На этих лекциях было ясно, почему апостол Павел называет слово Божие мечом духовным… Действительно, это был меч, проникающий до разделения души и духа. Но для того, чтобы меч был действенен, нужен человек, умеющий им владеть. Тот, кого можно назвать духовным человеком. Без этого условия даже самый лучший меч бесполезен. Потому что всех нас убеждают не слова, но некий неизреченный свет, исходящий от лица и сердца того, кто эти слова произносит.

Важные мысли о духовничестве

Святой праведный Алексий Мечёв говорит:

«Если ты уходишь от духовного отца с унынием, с тоской, с еще большим грузом, чем к нему пришла, если он причиняет тебе страдания, и эти страдания влекут

тебя к земле, и ты не получаешь облегчения – берегись такого отца!..

Вот какой верный признак твоего истинного духовного отца, который может тебя вести: если ты от него выходишь облегченная, твоя душа как бы приподнята над землей, ты ощущаешь в себе новые силы, мир, радость, свет, любовь ко всем, с желанием работать над собой, служить Христу - знай, что это твой истинный духовный отец».

У старца Иоанна Крестьянкина встречается мысль об отношениях ученика и учителя: «Никто за нас не может решать наших жизненно важных вопросов, и даже в прежние времена старцы не командовали наследием Божиим. Обдумывать, на что брать благословение, должен сам человек».

Ту же мысль развивает отец Валериан Кречетов:

«Но для того, чтобы Господь вмешался, нужно, чтобы человек сам стремился к истине. А стремление к истине предполагает, что человек учится размышлять. Отец Алексей Мечев, например, часто спрашивал своих чад: «А как ты думаешь?» Своим вопросом он учил человека самого рассуждать. Отец Всеволод Шпиллер говорил: послушание не в том, чтобы спрашивать: «Благословите открыть форточку, благословите закрыть форточку». В жизни такие «послушники» встречаются нередко. Но если все так будут спрашивать, с ума сойдешь, а толку не будет. Послушание предполагает в человеке самостоятельность, и ответственность, и мужество.

Благословение – это не повеление, потому что повеление – это уже диктатура. А в диктатуре нет любви. А любовь и свобода связаны неразрывно. Основа здесь – любовь Божия, и в ответ на нее – свободная любовь человека».

Святой Силуан Афонский пишет:

«Всегда надо помнить, что духовник совершает служение своё в Духе Святом, и потому должно благоговеть пред ним. Верьте, братья, что если кому случится умирать при духовнике, и скажет умирающий духовнику: «Отче святый, благослови меня видеть Господа в Царстве Небесном». И скажет духовник: «Иди, чадо, и зри Господа»; то будет ему по благословению духовника, потому что Дух Святой и на небе и на земле тот же.

Духовник и ученик

Духовничество приносит ученику радость. Идти ко Христу – это радостный труд. Человек, освобождаясь от гнёта грехов, страхов и ложных мыслей входит в радость ещё на земле.

Однажды авва Дорофей спросил своего старца Варсонофия Великого, отчего Христос говорит «В мире скорбны будете», а он, Дорофей, не знает никаких скорбей? И Варсонофий ответил ему, что быть послушником праведного наставника – это единственное состояние души, которое не предполагает скорбей, ведь человек тогда постоянно живёт по воле Божией.

При этом мы знаем, что в монастыре были некоторые братия, которые обижали Дорофея. То есть внешние скорби у него были, но благодаря своим наставникам, он умел относиться к скорбям правильно и скорби не ранили его. Так всегда бывает у послушников.

Духовник не заменяет личный труд человека над собой. Старец Иоанн Крестьянкин сравнивал духовника с дорожным указателем, который показывает, куда идти, но идёт ученик своими ногами.

Даже когда духовник помогает очистить и прогнать страсти, человек при этом чувствует радость освобождения.

Автор этих строк однажды не мог принять важное решение, касающееся борьбы с собой. Не мог исполнить совет духовника по этому поводу и при этом чувствовал, что из сердца уходит подлинная жизнь. Когда же он против своей воли исполнил слова учителя, то испытал облегчение верного поступка, а спустя время всё неожиданно окончилось хорошо.

Следование воле Христовой, которую открывает наставник, может казаться тягостным, но оно вносит в душу мир и облегчение праведного поступка.

Духовник не определяет жизнь, но помогает ощутить призвание и соответствовать ему.

Духовник не связует волю человека. У старца Тихона Агрикова есть слова, что Господь устраивает нашу жизнь по тайному желанию нашего сердца. И духовник в этом помогает. Он не делает лягушку цаплей, а цаплю лягушкой, но помогает и той и другой стать тем, кем она является.

Каждый из нас в святости не похож на других святых. Духовник помогает каждому найти именно его святость.

Когда известный музыкант Арво Пярт принял православие, то пошел в первый попавшийся храм и спросил, что ему теперь делать? Священник сказал: «Бросай музыку и становись церковным сторожем». Но композитор ощутил неправоту такого совета и поехал к старцу Софронию Сахарову. Тот всё выслушал и сказал: «Пишите музыку и вас узнает весь мир». Так и произошло.

Старцы Паисий Афонский и Дионисий Каламбокас, когда люди приходили к ним с вопросом как устраивать дальнейшую жизнь, нередко спрашивали пришедших, чего они сами хотят?

Каждый, кто едет к старцу впервые, боится, что старец запретит ему самое дорогое и заставит делать нечто нелюбимое. Но этого никогда не случается. Наставник раскрывает в нас наш образ Божий и приводит ко Христу по нашей дороге.

Духовника каждый выбирает сам. Древние монахи считали такой выбор неотъемлемым правом ученика. Подобно как парень знает много хороших девушек, но венчается с одной. Из всех духовников человек выбирает своего по некой сердечной близости.

При этом важно помнить, что есть какое-то число наставников, которым не доставало дарования старцев, но они всё же настоящими духовниками, способными привести человека к Богу.

До необходимости иметь наставника человек должен дорасти сам. Чтобы слушать наставника, нужно видеть, что тот творит волю Божию.

КОГДА СТРАДАНИЕ ЕСТЬ ПУТЬ В СВЕТ

Святой Феодор Студит пишет: *«Всегда так бывает, что ныне малодушие, а завтра мужество; теперь печальное расположение, а вдруг воодушевление; сию минуту страстей восстание, а в следующую – Божия помощь их пресечет. Не таким, как вчера, явишься ты, возлюбленный. Но придет к тебе благодать Божия и поборет по тебе Господь. Речешь тогда: "Где был если доселе, Господи?" – и Он скажет тебе на это: "Смотрел, как ты борешься, и знал"».*

У старца Гавриила Стародуба мне приходилось слышать такие слова: *«Мы оскорбляем Господа мыслью о том, что Он нас не слышит»*.

Каждый из нас может вслед за пророком Иеремией повторить: «Я человек, испытавший горе». Страдание есть то, с чем сталкивается всякий, особенно если он добр, но не многие осмысляют случающуюся с ними боль. Если взглянуть на окружающий нас мир и то, что приходится терпеть людям, то сердце может согласиться с философией некоторых мудрецов, говоривших, что вся наша жизнь есть лишь страдание во тьме.

Даже если мы обратимся к христианам, то и они, как правило, крайне поверхностны в осмыслении страданий и как только становится трудно, начинают обвинять Бога, что Он не управляет миром по их разумению. Страдание – это такая тема, что только тот, кто опытно пережил их смысл и пришёл к благодати, может говорить о них так, чтобы его слова вели слушающих к свету. Подвижники многое говорили о страдании, но каждый из нас, чтобы оценить их слова, должен пережить эту тайну сам. Тогда с нами совершится изменение отношения к боли, тогда мы увидим, что Господь заворачивает нашу радость в обёртку проблемы, мы поймём, что нет такой трудности, которая не вела бы доброго человека к счастью.

У каждого человека есть вопрос, ответ на который каждый должен узнать сам. Этот вопрос таков: «Я знаю или читал, что меня Бог любит, но почему же Он тогда попускает мне мучиться? Если Бог благ, а я верю, что это так, то почему мне сейчас так плохо? Как я хочу знать этот ответ».

В решении этого сложнейшего вопроса для нас особое значение имеют слова тех, кто говорит из опыта того, к чему его привела его боль. Когда старца Паисия Афонского спросили, почему сейчас в мире так много страданий, он ответил: *«От любви Божией»*. Этот ответ может вызвать негодование всякого не понимающего слов подвижника. Понять эти слова, тем более принять их крайне трудно, потому что всё наше смертное естество противится такому принятию. Даже вера в то, что страдание из земного и страстного человека могут сделать духовного и небесного не могут утешить нас. Слишком уж трудно бывает жить. Так откуда то, особое, умудрённое отношение к боли у самых высоких людей земли? Почему они, высокие, благодарят Бога за пережитые трудности? Что они видят в боли такого, чего не видят обычные люди?

Приведём по этому поводу известное письмо сказочника Джона Толкиена, написанное им к сыну в 1944 г., когда сын служил в английской армии времён Второй мировой войны:

«Иногда мне становится страшно при мысли об общей сумме человеческого горя в эти дни: миллионы разлученных... не говоря уже о муках, боли, смерти, сиротстве, несправедливости. Если бы страдание обрело видимую форму, чуть ли не вся планета покрылась бы плотным черным туманом, который скрыл бы ее от удивленного взора небес. Все итоги этой войны с исторической точки зрения будут негативными. Но исторический взгляд на мир – не единственный. Все вещи и деяния имеют собственную цену, независимо от их «причин» и «следствий». Никто не может судить sub specie aeternitatis (с точки зрения вечности (лат.), о том, что теперь происходит. Все, что мы знаем, причем большей частью из собственного опыта, – это что все труды зла, вся его огромная мощь и постоянный успех – пропадают впустую: они всегда только готовят почву для того, чтобы из нее неожиданно проросло добро...»

Исторический взгляд, не только не единственный, но и не подлинный, точнее, не отражающий реальность такой, какова она есть на самом деле. Только с точки зрения вечности можно судить о страдании правильно. Это приносит облегчение, но страдает человек во времени и не знает, как облегчить, избыть эту боль.

Поэтому старец Паисий Афонский, говоря о страданиях, делает акцент на отношении к ним Господа, на том, что Бог видит в нашей общей боли:

«Боль Бога за людей, которые мучаются от болезней, от демонов, от варваров и тому подобного, имеет в себе и радость за то небесное воздаяние, которое Он им уготовил. То есть Бог имеет в виду воздаяние, которое воспримет на Небе человек, испытывающий искушение, Он знает, что ждёт такого человека в жизни иной, и это дает Богу "силы терпеть" эту боль».

Рассмотрим теперь частый вид страдания – страдание оттого, что человек лишён чего-то материального или не так состоятелен, как ему бы хотелось. .

Вот какую историю приводит об этом святой Варсонофий Оптинский, и в этой истории мы вполне видим тот самый небесный взгляд:

«Жил тут один офицер, необычайно набожный. Часто ходил он в монастырь молиться Богу и жертвовал на обитель из своих скудных сбережений, сколько мог. То коврик принесет, то лампадочку, то кулич копеек за сорок в подарок кому-либо из братии. Все любили его, особенно радовался за него один из схимников монастыря. И вот начал этот схимник просить Господа послать офицеру богатство. Молитва была услышана. Понравился этот офицер дочери миллионера, и он на ней женился. А потом произошла в нем резкая перемена. Он вышел в отставку, начал вести роскошную, праздную жизнь и в монастырь уже больше не заглядывал, разве что проезжал мимо на своих рысаках вместе с супругой. Но по молитвам схимника Господь не допустил погибели раба Своего. Бывший офицер разорился и вернулся к своему прежнему образу жизни. Отсюда следует, что не должно желать себе богатства, а надо благодарить Господа за то, что Он посылает. Имеете все необходимое и будьте довольны. Господь никогда не оставит вас, детки мои, если вы будете стремиться по силе исполнять Его святые заповеди».

Происходящее в нашей жизни всегда не случайно. Господь на самом деле отмеряет, сколько денег должно быть у нас в кошельке. Одна моя знакомая молодая пара долгое время хотела наладить своё материальное состояние. Со временем они заметили, что если у мужа появляется подработка, то в доме что-то ломается ровно на ту же сумму. Тогда они поняли, что их благосостояние зависит от воли Божией, а не только от их желания что-то наладить. Они приняли эту ситуацию как Его волю и, очевидно, Бог ждал от них именно такого принятия, потому что спустя несколько лет их благосостояние стало налаживаться и появились дополнительные возможности.

Даже если человек умом понимает необходимость страданий, остаются многие вопросы. Самый важный из них: что делает Бог в тот момент, когда я страдаю? Как Он смотрит на то, что мне вот сейчас столь невыносимо больно? Пусть даже страдания идут на пользу моей душе, но что делает Бог в тот самый момент, когда я страдаю? Жалко ли Ему меня?

Что ж, мы не первые, кто задавался таким вопросом, ещё Иов бросал вызов Богу по этому поводу, и в предании церкви есть поразительные ответы святых отцов и подвижников. Приведём некоторые из них.

Старец Паисий Афонский: *«Для Бога нет большей боли, чем видеть человека в мучении».*

Святой Максим Исповедник: *«Бог сострадает соразмерно скорби страждущего».*

Митрополит Антоний Сурожский: *«Бог не просто где-то наверху наблюдает, с должным ли расположением мы страдаем, но входит в самую глубину наших страданий».*

Вот высокая история о святом старце Софронии Сахарове:

«Он в течении целой ночи молился об угнетённых и страдающих до тех пор пока не пришла ему мысль: «Если я так, всею силою моего сердца, сострадаю человечеству, то как понять Бога, безучастно смотрящего на страдания многих миллионов Им же Самим созданных людей?». Тогда он обратился к Богу с безумным вопросом: «где Ты?» и тотчас услышал в сердце своём слова: «Разве ты распялся за них?».

Моего первого в жизни старца Гавриила (Стародуба) как-то стала мучить мысль: «Жалко ли Богу нас так, как мы жалеем себя?». Он просил об ответе и ему явился Христос и сказал: «О, человеки! Если бы вы знали, как Мне жаль вас. В десять раз больше, чем вам жаль самих себя».

Один из основных смыслов попускаемого нам Богом страдания в том, чтоб люди, находящиеся в страстном состоянии ветхого человека, преобразились в новых, чистых людей. Ведь Бог видит к чему может привести жизнь страстного человека, который не кается. Жизнь такого человека сама в себе содержит адское мучение добровольной боголишённости, и в таком состоянии человек переходит в вечность, где уже не может измениться. Бог видит, что такая жизнь есть верёвка в руках сына-самоубийцы, и Он, конечно, старается вырвать эту верёвку у нас из рук. Отсечь страсти. Но страсти стали частью нас и нам больно расставаться с ними. Это один из важных поводов боли чуть ли не всякого человека.

Страдание не идёт на пользу только тому, кто его не принимает. Это очень сложно, всё человеческое естество восстаёт против такого принятия, и потому тут надо в буквальном смысле отвергнуться себя. Принять то, что с нами случается, как Его дар, который мы в данный момент не понимаем, но Он понимает. Это высшее доверие. Доверие мученика. Одна моя знакомая христианка сложила об этом такую молитву: *Господи, дай нам быть счастливыми в тех обстоятельствах, которые Ты нам посылаешь*.

Каждый мудрый человек, который оглядывается на свою жизнь и на страдания, говорит, что всё в жизни устроилось наилучшим образом, чтобы он пришёл к чему-то большему.

Допустим, Вторая мировая война. Сколько горя она принесла. Но ведь в её результате народ России повернулся к забытому им Богу, и если посмотреть на фотографии людей, переживших войну, мы увидим в них много света. Встречаясь с ветеранами, мы знаем, какие это добрые и особые люди. Всего этого бы не было без войны.

Об этом осмыслении боли существует такая притча.

Жили два брата. Один брат был успешным человеком, достигшим известности своими благими делами. Другой брат был убийцей.

Перед судом над вторым братом группа журналистов обступила его, и один задал вопрос:

— Как получилось, что вы стали преступником?

— У меня было тяжёлое детство. Мой отец пил, избивал мою мать и меня. Кем же ещё я мог стать?

В это время несколько журналистов обступили первого брата, и один спросил:

— Вы известны своими достижениями; как получилось, что вы добились всего этого?

— У меня было тяжёлое детство. Мой отец пил, избивал мою мать и меня. Кем же ещё я мог стать?

Святой Нектарий Эгинский говорит об этом: *«Искушения посылаются, чтобы выявились скрытые страсти, и можно было с ними бороться и чтобы, таким образом, излечилась душа. И они тоже являются знаком милости Божией, посему предай себя с доверием в руки Божии и проси помощи Его, чтобы Он тебя укрепил в борьбе твоей. Надежда на Бога никогда не приведет к отчаянью».*

Писатель Достоевский мучился вопросом страданий, пока не понял, что все страдания в мире действительно от любви Божией. Мы за всех всегда виноваты и за всех всё должны потерпеть.

Но и это не всё.

Существует страдание по любви за другого, так старцы Виталий Сидоренко и Зиновий Мажуга, когда кто-то из них заболевал, другой тотчас молился, чтоб вместо него болел он – так и происходило. Болезнь по несколько раз переходила от одного к другому.

Старец Паисий Афонский узнав, что соседская девочка больна раком, просил Бога, чтоб болезнь девочки перешла к нему – и девочка исцелилась.

Есть ещё несколько причин для страдания: страдание для покаяния – чтоб человек покаялся. Страдание ради венца – за такое страдание Бог даёт венец страдавшему, а есть и страдание для пресечения совершаемого человеком греха.

Бог ведёт страдальца к победе, к чувству, что ты живёшь как в сказке, потому что ты каждую секунду не оставлен и нужен.

Бывает и так, что меньшим страданием Бог бережёт от вреда, который мы могли бы причинить своей душе. В начале XX века в России умирал младенец и мама его обратилась к святому Иоанну Кронштадтскому за помощью. Тот вымолил младенца и болезнь ушла, но когда ребёнку исполнилось 18 лет, он несчастливо влюбился и застрелился. Его мать потом говорила: «Никак не могу простить себе, что вымолила его через святого Иоанна Кронштадтского».

Развивая эту тему, Николай Сербский приводит в пример жизнь Ефрема Сирина.

«В молодости святой Ефрем Сирин много грешил, но ни за один грех не был осуждён. Случилось, однако, что как-то у его соседа воры украли овцу. Сосед обвинил Ефрема. И Ефрем, непричастный к краже, оказался в тюрьме. Удручённый человеческой несправедливостью, он стал плакать и жаловаться Богу. Но, сидя в тюрьме с другими заключёнными, он вступил в разговоры с ними. Каждого из них он спрашивал, как тот оказался в тюрьме. Один говорил одно, другой – другое. В их грехах Ефрем узнавал свои грехи, за которые его прежде не судили

и не сажали. Дух его отрезвился, и он понял, что попал в тюрьму не за украденную овцу, но за множество своих прежних проступков. И Ефрем сокрушённо покаялся пред Богом в своих грехах. И слезно стал молиться Богу о прощении своих тайных согрешений, одновременно благодаря Его за то, что брошен в темницу, будучи невиновным в краже овцы. И вскоре был оправдан и освобождён. Но это переживание произвело переворот в душе Ефрема. Тюрьма приняла его грешником, а выпустила святым».

Святые, бывало, радовались среди своих страданий. Радость страдания, когда Бог возвышает тебя над болью. Этого мы достигаем через принятие того, что с нами случается, как Его подарка. Святой Силуан Афонский говорит, что если мы смиримся, то сами удивимся, почему мы раньше так скорбели, ведь боль уйдёт, мы попросту изменим к ней отношение, увидим её другим взглядом.

Святой Иустин Сербский пишет: *«Радость спасения достигает вершины в радости Воскресения, но проходит и через радость страдания».*

Святой Григорий Богослов замечает: *«Смысл всякого страдания, всякого бедствия в том, чтобы человек через покаяние и исправление соединился с Богом».*

Соединение с Богом дарует душе блаженство, которое не может отнять никакая скорбь.

Другой важный момент, всегда волновавший думающих людей – страдания праведников, детей и младенцев. Для чего оно может быть нужно?

На вопрос о том, почему страдает добрый человек, мне отвечал духовник луганской епархии, архимандрит Варфоломей. Он говорил мне, что добрый, пройдя через страдания, становится ещё добрей и светлей.

Один из подвижников говорил, что перейдя из временной жизни в вечность, мы будем больше всего благодарны за страдания, а апостол Павел прямо пишет: *«Вам дано ради Христа не только веровать в Него, но и страдать за Него»* (Флп 1:29). Почему именно так? Потому что у настоящей любви есть два признака: желание всегда быть с любимым и желание пострадать, пожертвовать собой для счастья любимого человека.

Удивительное дело, но то, что обычному человеку представляется страданием, совсем не таким представляется любящему. Примером тут могут быть женские роды, которые причиняют матери боль, но потом она не помнит скорби от радости, ибо родился человек в мир. Воспитание, ухаживание за ребёнком – разве это не больно? Но мать смотрит на это иначе, потому что она смотрит через любовь.

Моя знакомая девушка, мать мальчика с тяжёлым аутизмом приехала к старцу Зосиме Сокуру и он сказал ей:

– *Вы самая счастливая мать, такая же счастливая как мать священника. Потому что священник за свою мать грехи отмолит, а ваш ребёнок взял ваши грехи на себя и вы предстанете перед Господом чистая.*

Или другой пример: одна знакомая православная мать имеет двоих детей. Один из них психически болен (аутизм), а другой здоров. Больной постоянно причащается, исповедуется и молится. А здоровый – бездельник и хулиган. Кто из них ведёт более здравую жизнь для Бога?

Или ещё история из моей волонтёрской практики. В дом престарелых неблагодарный сын привёз свою маму Евфросинию, чтобы завладеть её квартирой. Она очень страдала и стала ходить в храм Покрова в селе Старомихайловке, рядом с которым находился дом престарелых. Но квартира, хозяином которой стал её сын, не принесла ему счастья. Он спился, был изгнан из своей квартиры и умер под забором. Единственным человеком, который о нём молился, была его мама. Посмотрите, как Он всё устроил – и мать привёл к церкви и молитвенницу за сына-алкоголика отыскал. Им обоим на Земле было трудно, но наша жизнь совершается не только на Земле. А в вечности они оба совсем иначе посмотрят на пережитую боль, увидят её как возможность своего спасения.

Многие современные подвижницы пришли к церкви именно через страдания, их били мужья, у них болели дети… Они пришли в храм и стали жить чисто и свято. Сейчас, оглядываясь на свою прожитую жизнь, они говорят, что рады тому, что Бог попустил им прежнюю боль. Одну такую женщину муж садист с ребёнком на руках выгнал из дома, но сейчас она такова, что одно имя её вселяет надежду. Она возвысилась над страданием и пришла не только к принятию, но и к преображению.

Поэтому святой Василий Великий говорит, что Бог не столько избавляет праведников от неприятностей, сколько делает их выше всего приключающегося. Это великое дело – когда через страдания ты пришёл к свету и этот свет навсегда остаётся с тобой.

Авва Дорофей говорит об этом: *«Всё, что с нами бывает, принимать без смущения, со смиренномудрием и надеждой на Бога, веруя, что всё, что ни делает с нами Бог, Он делает по благости Своей, любя нас, и делает хорошо, и что это не может быть иначе хорошо, как только таким образом»*.

Святой Иоанн Кассиан Римлянин говорит, что Господь старается исправить человека через страдания. Но есть на земле и такие люди, которых боль только озлобила бы, а не преобразила. И добрый Господь, не желая их мучить, дарует им мелкое земное счастье без страданий. Они грешат и не бывают наказуемы в этой жизни. Иоанн Кассиан называет таких людей несчастнейшими, ведь Сам Бог не видит возможности исцелить их душу через страдания.

Ещё один повод страдания добрых людей, по мысли отца Варфоломе таков: бывает, что добрый человек без страдания сбился бы с пути, не смог бы возрастать в добре если бы не было этой боли. Люди этого не видят, а Бог видит и направляет человека прежде того, как человек потеряет свой путь.

Страдание связано с любовью ещё и как сострадание. Клайв Льюис говорил: *«Нельзя пойти к несчастной матери и утешать её, когда ты сам не страдаешь».* Нельзя утешить другого, если тебе за него не больно. Это знают матери и святые. Когда к старцу Гавриилу Стародубу приходили за утешением, он начинал любить человека всем своим естеством В этом было утешение для нас всех, посещавших его. Так он учил и других: если хочешь кого-то утешить, полюби его по настоящему и тогда чужая боль становиться твоей, а другой обретает вместо скорби радость.

Духовная дочь святого Нектария Оптинского, спросила, правда ли, что тот берёт чужую боль на себя? И он ответил, что это правда, так как иначе нельзя утешить человека.

Ведь в любящем самое главное то, что он есть.

К Серафиму Саровскому приходили, прежде всего, потому, что он умел любить. Это было выше всех наставлений. Его слова, обращённые к каждому: «Радость моя!» – лучшее свидетельство его сердца.

Однажды некий монах спросил Серафима Саровского о рае, и святой ответил, что Господь брал его в рай и показывал райские обители. Лицо святого, когда он говорил об этом, просветилось небесным светом, и он сказал:

«Если б вы только знали, какая радость, какая сладость ожидает нас на небе, то согласились бы жить в келье, по горло наполненной червями и согласились бы, чтобы эти черви всю земную жизнь вашу вас ели, только чтоб не лишиться той радости на небеси».

Из этих слов вытекает ещё и то, что страдания часто тяжелы человеку из-за маловерия, отсутствия живого ощущения реальности Бога, но если укрепляется вера, то и на страдания смотришь по-другому, как на Божий дар.

Страдания тяжелы, пока их не примешь как исходящие от Бога лично для тебя.

Страдания младенцев тоже имеют отношение к любви Господней, ведь дети и родители связаны, и Бог попускает что-то потерпеть младенцу ради очищения, изменения, преображения его родителей.

Евангельский расслабленный страдал 38 лет, это было не напрасно, ведь он встретил Христа. И Иов встретил Бога именно после страданий.

Человек как бы делает шаг в пустоту, шаг в смерть ради Бога, он надеется, но особой надеждой, которую в этот момент утверждает глубина сердца, что с Богом не бывает плохих концов. Так он шагает в смерть, в мучение, в боль, и оказывается – там Воскресение. Потому что иначе не может быть. Ведь *«Господь есть Любовь, а Любовь не может попустить зла любимому»*, как говорил об этом игумен Никон Воробьёв.

Бог никогда не попускает и не попустит зла нам, кого любит.

«Виденью противопоставим веру, ночи, оканчивающейся в слезах – рассвет утешения», – утверждал старец Иоанн Крестьянкин».

Святой Иустин Сербский*: «Всякое страдание благо ради незаменимого Господа»* После всегда идёт утешение, и окажется, что даже в минуты кажущейся смерти и мучения Он *«Каждую секунду ласкает любовью сердца всех людей на земле»* (старец Паисий Афонский). Посему, где Бог, там не может быть плохого, а Он со всеми и всех Ему жалко.

Святой Силуан Афонский говорит*: «А если кому то кого-то жалко, значит всё будет хорошо».*

Клайв Льюис говорит: *«Вся злоба, вся зависть, все одиночество, вся похоть – ничто перед единым мигом райской радости. Зло даже злом не может быть в той полноте, в какой добро есть добро».*

Бог, по слову святого Серафима Саровского, не хочет, чтоб мы жили в одних только страданиях, Он хочет нам радости и посылает нам утешение – тех людей, кому мы нужны. Они сумеют понести нашу боль, сумеют помочь нам взглянуть на трудности по-другому.

Христос утешает. Когда Он говорит ученикам: «В мире скорбны будете», то тут же добавляет: «Но мужайтесь, Я победил мир». То есть Господь не хочет, чтобы мы мучились и огорчались. Страдания нужны нам, но, одновременно, Бог не хочет, чтобы мы страдали.

То, что Христос утешает, означает что и ученики Его тоже должны утешать и нести ношу другого.

Святой Григорий Богослов говорит об этом: *«Здоровый и богатый пусть утешит больного и бедного; кто не упал – упавшего и разбившегося; весёлый – унывающего, наслаждающийся счастьем – утомлённого несчастиями. Воздай что-нибудь Богу в благодарность за то, что ты – один из тех, кто может оказывать благодеяния, а не из тех, кто нуждается в благодеянии, что не ты смотришь в чужие руки, а другие – в твои. Будь для несчастного богом подражая милосердию Божию. Если и ничего не имеешь, поплачь вместе со страждущим: великое лекарство для него – милость исходящая из твоего сердца и искренним состраданием намного облегчающая горе».*

Если же мы сами страдаем? И тогда надо помогать другим.

Когда умерла жена святого Алексея Мечёва, он очень мучился, но святой Иоанн Кронштадтский сказал ему разделять горе других людей, утешать их. Святой Алексей так и сделал, жизнь его преобразилась – он вырос в меру святого старца.

Соучастие в боли другого.

Боль другого – моя.

Только настоящей любовью можно утешить по-настоящему.

Обобщая тему страданий, связывая их с благодатью, Старец Софроний Сахаров: *«Христианин никогда не сможет достигнуть ни любви к Богу ни истинной любви к человеку если не переживёт весьма многих и тяжких скорбей. Благодать приходит только в душу которая исстрадалась».*

И он же говорит: *«Полнота истощания предваряет полноту совершенства».*

Старец Иоанн Миронов рассуждает о страдании в том же ключе благодати и последующего утешения. Бог постоянно присутствует в нашей скорби, как мать, которая делает нужный укол больному ребёнку:

«Нет такой скорби, в которую Господь не вливает хотя бы малую долю утешения. Он не сразу отнимает боль от нашего сердца - она нужна и полезна нам, но Он облегчает ее своим присутствием. Будем только стараться ловить эти светлые лучи, проникающие к нам.

В любви матери, столь естественной и знакомой каждому из нас, Господь олицетворяет для нас любовь Свою ко всякому человеку. Какая любящая мать не принуждает себя иногда огорчать своего ребенка, подвергая его наказанию или лишая удовольствия, когда она знает, что такое лишение должно послужить ему на пользу. Ребенок плачет, его маленькое горе кажется ему несправедливым, невыносимым, и сердце матери болит при виде этого горя, но имеет в виду благо ребенка, которое для нее дороже всего на свете... Как часто в нашем горе мы бываем похожи на безрассудных детей. Мы плачем безутешно, нам кажется, что посланное нам страшное испытание могло бы миновать нас, что оно выше наших сил, и мы не осознаем того высшего блага, которое мы приобретаем для вечности. Наверное, любящий Господь в Своем бесконечном милосердии жалеет нас не меньше, чем самая нежная мать. Несомненно и для нас - придет час, когда печаль наша обратится в радость. Мы поймем тогда, что временные страдания ничего не стоят в сравнении с той славой, которая откроется в нас».

В страдании человек обретает следующие истины.

Он явно чувствует, что его страдание не напрасно, а имеет онтологическую, вселенскую важность, как и вся его жизнь.

Он чувствует, что страдание, очистив его, введёт его в свет.

Он чувствует, что свет не только будет потом, но и сейчас уже с ним, потому что Христос реально присутствует в глубине его страданий.

Человек испытывает острую муку, но, одновременно, эта острая мука становится острой радостью. Все лучшие люди земли страдали, и все в конце концов увидели опыт своих страданий как дар. Бог меньшей болью защищает нас от большей боли, которая могла бы прийти к нам в будущем, если бы не было у нас той, меньшей боли.

В виду этого, святой Иустин Сербский говорит: *«Всякое страдание благо ради незаменимого Господа».*

Святой Силуан Афонский каждому страдающему человеку говорил: *«Господь тебя неизреченно любит».*

Доверие Богу и в страдании есть подвиг для человека. Человек, конечно же, желает избавления от боли, и Бог даёт ему для этого средство – любовь тех, кому он дорог. По мысли святого Серафима Саровского, благой Бог не хочет, чтобы мы жили в одних только скорбях, и посылает нам тех, кто своей любовью и жалостью принимает нашу боль на себя, исполняя этим заповедь *«Друг друга тяготы носите и так исполните закон Христов»* (Гал 6:2).

В Ветхом Завете есть такие слова Господа: *«Утешайте, утешайте народ Мой»* (Ис 40:1). Сам Бог хочет, чтобы мы были утешены друг другом. Когда мы утешаем друг друга Сам Бог нами утешает другого несчастного человека. Ибо Он желает, чтобы всем было светло и хорошо, Он желает подарить нам более полную радость, чем мы её себе представляем…

Авва Дорофей говорит, что *«Бог настолько благ, что Он хочет, чтобы мы не хотели ничего из того, что Он попускает»*. То есть когда с кем-то случилось несчастье, мы не должны говорить, что такова Божья воля, чтобы он страдал, но должны всё сделать для того, чтобы тому человеку снова стало хорошо. И делая это мы можем быть уверены, что и Бог хочет света и радости и мира для того страдальца, которому мы помогаем.

Но имеет ли право Бог исправлять нас через такую острую боль?

В том-то и дело, что Он смотрит на нашу боль не глазами бесстрастного Небесного Судьи, но по-человечески, глазами Богочеловека Христа, Которому всецело известно каждое наше страдание: от несварения желудка у младенца до страшных минут богооставленности, когда кажется, что Он тебя бросил. Но Он так же рядом, и обещания Его так же надёжны, и все они заключены в том, чтобы подарить нам счастье!

Человек понимает это не сразу, по мере вхождения в мудрость, но всегда всякий раз все стремящиеся к добру будет утешены и войдут в великую радость ещё в земной жизни. Как об этом пишет святой Иосиф Исихаст, переносивший много боли и однажды ставший судиться с Богом по поводу испытаний, казавшихся ему вовсе несправедливыми:

«И поверь тому, что я сейчас скажу. Однажды из-за следующих одно за другим ужасных искушений возобладали во мне печаль и уныние. И судился я с Богом, что это несправедливо, что Он предаёт меня в столь многие искушения не сдерживая их хоть немного, чтобы я хотя бы перевёл дыхание. И в этой горечи услышал я голос внутри себя, очень сладкий и очень чистый, с глубочайшим состраданием:

– Не вытерпишь всё это ради Моей любви?».

СВЯТООТЕЧЕСКОЕ СОЗНАНИЕ И ВЕРНОСТЬ ЦЕРКВИ

Верность церкви

Старец Иоанн Крестьянкин писал: *«А Церковь по обетованию Спасителя будет жить и совершать свое служение великое и спасительное до последнего дня жизни мира, а потому глас Церкви через ее канонически правое священноначалие для нас - глас Божий.*

Ни одному, пусть и кажущемуся достойной жизни, человеку, ни группе лиц единомысленных, ни снам, ни видениям, а Церкви – гласу Церкви – веру имеем».

Верность церкви, о которой пишет старец, должна быть понимаемой правильно. Это вовсе не верность самодурству зарвавшегося феодала-епископа, не верность явно ошибочному, шаблонному наставлению священника, не верность косности, фарисейству, формализму и ложности, которой так много среди христиан, от мирян до епископов.

Верность церкви – это верность всему святоотеческому в ней, верность духу Евангелия, верность подлинности Христовой. Когда от нас требуют поступать против совести, против Евангелия, против ощущаемой нами подлинности, и требования эти исходят от церковных людей, то христианин должен, в таком случае, поступить по Богу, а не по требуемой от него ложности. Конечно, чтобы отличать доброе от злого, ему нужно самому стремиться к обретению святоотеческого сознания, без чего невозможна правильная оценка добра и зла.

Апостол говорит, что должно перед Богом больше слушать Бога, чем человеков. И это золотое, смиренное и полное достоинства правило должно быть мерилом нашего отношениях миру и к дорогому Христу, в церкви Которого подлинно пребывает лишь то, чего вправду касается Дух.

Святоотеческое сознание

А. Кураев пишет: «Я помню, как в марксистские времена студенты бойко рапортовали на экзамене по диамату: «Карлмарксфридрихэнгельс писал». То же самое я вижу сейчас в православной среде – «святые отцы сказали». Но в какой книге? Кому? В какой ситуации? И не сказали ли они еще и нечто другое?

– Это происходит от недостатка образования?

– Конечно. Тот, кто недостаточно начитан в Отцах, в богословской литературе, склонен первое же попавшееся ему суждение принимать за учение Церкви. Так люди сами создают странное православие и затем не желают с этим своим рукотворным идолом расставаться.

Кроме того, во всех конфессиях есть такая болезнь – парохиализм. От греческого слова «парикия» (приход), по-румынски звучащим как «парохия». Когда человек считает, что привычки его прихода – это и есть вся церковь. Ему бывает очень неприятно узнавать, что православие может быть разным. Что все гораздо сложнее».

И у него же находим: «Человеку необходимо по пути своего воцерковления создать иерархию ценностей, иерархию авторитетов. Для этого необходимо научиться *думать. Надо прийти к пониманию, что, оказывается, в ряде случаев в Православии нет лёгких ответов».*

Само Предание узнаётся на вкус, по созвучию благодати в сказанном отцами, подвижниками и в душе христианина. Но ведь до этого созвучия ещё нужно дорасти, не сбиться в дороге, не уйти в дебри суеверий и мусора, которой всегда много в голове большинства ходящих в храмы людей, и которым они всегда готовы делиться с другими. Как же начинающему христианский путь человеку выстроить эту иерархию авторитетов?

Для этого нужно читать и изучать те тексты, которые признаны церковью, либо одобрены таким множеством церковных людей светлой мысли и жизни, людей Духа, что такие книги и мысли помогут человеку настроить душу на подлинность и глубину христианства, в противовес всему тому, что апостол называл «бабьими баснями».

Так мы можем ещё раз увидеть ценность светского образования для человека – оно помогает мыслить, помогает быть обращённым к таким глубоким мысленным и научным традициям, что всё, что их превосходит, может быть только глубочайшим, в свете чего обретёт целостность и всё остальное. Это и будет христианство.

Слишком часто люди с сумасшедшинкой готовы выдавать свои дикие идеи за учение церкви. Слишком много экзальтации, доверия слухам, сплетням, плохим новостям, слишком велика в бывших советских людях готовность сделать из церкви новую разновидность политической партии и всё это выдать за непререкаемую истину в последней инстанции.

Всё это соединяется с доверием каким-то диким пророчествам и предсказаниям катастроф, всяким листкам, мнениям каких-то «гуру христианства», «тайных монахинь» и людей, которых невежды величают старцами, хотя те не имеют к подлинной духоносной традиции святости никакого отношения. Люди в храмах часто настолько далеки от Духа либо необразованы, что всякую дичь готовы воспринимать как голос церкви, и с комсомольско-скаутским задором учить ей других.

Потому А. Кураев и советует молодым, что придя в церковь, *«нужно снимать шляпу, а не голову»*. Нужен труд, чтоб узнать, а действительно ли церковь считает так, как сейчас вещала тебе какая-то дама у подсвечника?

Когда епископу Митрофану Никитину люди рассказывали какую-то чушь, он говорил:

– Церковь так не учит.
– А мне бабушка так сказала! Ей 90 лет!
– А церкви 2000…

Более того, Святоотеческое восприятие мира – вещь настолько редкая даже в церкви, что когда большинство православных слышит её, они ужасаются и думают, что говорящий от Духа, клевещет на веру…

Современная Церковь в России, да и в Европе – есть церковь новоначальных. Так говорили старцы Иоанн Крестьянкин и Николай Гурьянов. Теперь, спустя время, можно добавить, что большинство этих неофитов не собирается выходить из своего неофитства, при этом считая себя учителями истины, за которую они принимают свои суеверия, следствия необразованности и заблуждения.

Взамен святоотеческого сознания мы имеем неуёмную партийную активность с полным неуважением к другой личности и чужому мнению. Возведение своего мнения в ранг церковного учения. Ощущение несогласных с тобой врагами веры, хотя сам такой мирской человек о красоте и глубине христианства имеет самые смутные представления и вера для него – не встреча и жизнь со Христом, а идеология, где он всегда готов отождествить свои дикие вкусы и суеверия с учением церкви, люто ненавидя всё то, в чём сияет и звучит подлинное христианство.

Святоотеческое сознание включает в себя не только догматическую верность веры, но и способность этой верой осмыслять жизнь и мир вокруг. Это и есть христианская мудрость – евангельский светлый взгляд, подобно поэту, видящий мир до глубин, где узнаётся Бог и то, что от Него. Но если догматическая верность у христиан существует, то христианская мудрость – вещь редчайшая…

Это же означает, что если человек и вправду хочет познакомиться с христианством, например, как традицией мысли, ему стоит интересоваться высотами, а не низами конфессии. То есть, обратиться к наследию святых отцов, подвижников, церковных учёных, а так же поэтов, писателей. Важно не только изучать их тексты, но и читать об их жизни. В этих жизнеописаниях мы всегда найдём свет, вдохновение и красоту. Найдём силы для собственного труда. Тогда христианство нам раскроется в его полноте и высотах, которые очаровывали столько светлейших людей планеты, они вдохновляли обернуться к источнику света, Христу, чтобы ощутить в жизни смысл, ощутить ценность себя и своего дела, захотеть самому дарить и в свете Христовой настоящести и красоты видеть всё остальное.

Человек предания

Всякий человек создан творческим и творящим, но наследие партийности и национализма таково, что он часто не желает думать, предпочитая, чтобы за него это делали начальники или, для ходящих в храмы, церковная иерархия. Между тем святой Лев Великий говорил, что в отношении церкви всякий мирянин так же ответственен как любой из патриархов поместных церквей. Эта ответственность, конечно, выражается не в участии в митингах о запрете какого-либо фильма, но в сложном и важном труде восхождения к преданию церкви. То есть, к преобразованию и преображению ума, когда человек постепенно начинает видеть этот мир взглядом из вечности, а потому он всегда может сказать неважному – «неважно» и остаться лишь с тем и в том, что представляет подлинную ценность в бытии.

Вся красота Вселенской православной церкви, все чудеса мировой культуры и святости – это достояние такого вселенского человека, который взошел к святоотеческому видению мира и для него теперь, как в «Послании к Диогнету», где бы он ни жил: *«Всякая чужбина – отечество, и всякое отечество – чужбина»*. Взамен, его путь близок вечности. Что он, где бы ни находился в краткий срок земной жизни, непрестанно умножает красоту в себе и вовне, делая это так совершенно и вдохновенно, что его труды и слова вместе с ним удостаиваются вечной жизни.

Обретение святоотеческого сознание возможно лишь для тех, кто умеет думать, для кого драгоценна красота, заключающаяся в мировой культуре и церкви, и кто вместе с тем имеет дар ученика: готов воспринять сияние и мудрость тех, кто имеет силы и его привести к подлинности и красоте. Без этого, просвещающего ум и сердца нового восприятия реальности, без этого видения через небо, человек всегда будет во власти страхов, амбиций, неподлинности, формализма и искаженности, как это мы можем видеть в тысячах храмов на территории бывшего СССР или Европы, где всегда столько подтверждений словам Лескова, что *«Русь крещена, но не просвещена»*. Впрочем, восхождение к преданию таково, что лишь личность может совершить это. Никакими общими лозунгами и прокламациями не заменить того труда освящения и преображения ума и сердца, которые каждый должен совершить сам; и лишь тогда, когда Христос станет для него реальностью именно его жизни.

Стремящиеся к добру люди, умеют отличать подлинное от неподлинного, но не у всех хватает мужества прямо об этом сказать. Бывает, человек чувствует, что именно в состоянии современной церкви далеко от Духа, но ему нужно чтобы кто-то указал на это несоответствие, и тогда он с радостью потянется к красоте.

Как-то я пришел в большую городскую библиотеку, где мы в этот раз говорили с библиотекарями о моей статье «О стихах православных и настоящих». Они все тоже жаловались на засилье пустых, не пережитых сердцем, ничего не значащих стихов разных христианских (и не только) авторов. Одна девушка даже спросила: «Вы в статье не называете имена тех, кого критикуете. А хотелось бы узнать имена». И я ответил: «Когда вы зайдёте на любой сайт православной поэзии, то, к сожалению, всё что вы там прочтёте, будем таким пустозвонством». Как говорил Башлачёв, не бывает отдельно рок-поэзии, а поэзия или есть или нет. То же можно отнести и к стихам на христианские темы. Человек, пишущий такое, должен либо быть так проникнут верой, чтоб иметь власть говорить о вере что-то новое, своё, но, одновременно, глубоко лежащее в истине. Либо как Гумилёв и Мандельштам иметь дар вникновения в суть, чтобы прозревать глубину а не уныло перечислять общеизвестное.

Предание церкви, церковь как она есть, всегда проявляют себя в красоте. Красоте мысли, мировой культуры, и вообще всего, на чём мы чувствуем помазание Духа. То самое, которого никогда не бывает в формализме и любой игре в христианство.

Как-то проходила богословская конференция из тех, где учёным языком прикрывают отсутствие опыта и огня. Темы докладов были посвящены христианской любви, но читались нудно и с обилием учёных слов. Что-то вроде: «выявляем субстанциональный предикат» или «дискурсивность паламизма». Тогда один из участвовавших в выступлении служителей церкви послал своей милой супруге смс с текстом из Гейне:

Тебя за столом не хватало,
А ты бы, мой милый друг,
Верней о любви рассказала,
Чем весь этот избранный круг.

И мы, узнав об этом, подумали, что этот случай и был лучшим и единственно настоящим докладом на конференции, хотя и прозвучал он не для всех, а для одних только любящих жены с мужем.

Православная русская церковь, церковь Европы, на данный момент истории – есть церковь новоначальных. И вовсе не удивителен факт, о котором пишет Пётр Мещеринов, что в в этих церквях нет никакой пастырской педагогики направленной на опытных христиан. А почти всеобщая увлечённость внешними для христианства вещами и не даёт перейти от формализма к чему-то большему. Потому так важно лично знать тех немногих, кто знает и встретил Бога. Иначе люди так и не смогут увидеть, что же такое церковь на самом деле.

Как справедливо замечают мудрые люди – существует два типа отношений человека к вечности: когда он ищет общения с Богом или когда он постоянно копается в себе, грехах, неудачах и ищет постороннего христианству. Например, возрождения православной монархии. А ведь на самом деле даже покаяние задумано, чтобы дарить нам радость и оно не имеет ничего общего с унынием и мрачным отношением к себе. Подлинно ищущий Бога знает, как он драгоценен Творцу и воздерживается от греха, чтобы не огорчить Господа и не угасить даже в малом данный Им каждому из ищущих Его свет…

Люди, особенно мыслящие, глядя на современную церковь, не видят в ней Христа, однажды сказавшего, что другие будут узнавать Его учеников только по настоящей любви, но не по формализму, глупости, страху и тому подобных внешних к христианству вещах. Это явление не новое в церкви. Можно вспомнить и несколько столетий синодального периода в царской России и историю Византии, – когда всё точно так же тонуло во внешнем и фарисейском. Значит святым отцам уже приходилось сталкиваться с таким положением и они находили из него выход. Так Симеон Новый Богослов провозгласил, что на глубине церковь – всё то же неизменное Царство Троицы, какими бы посторонними ко Христу и сути ни жили клирики и миряне. Святой Симеон самóй своей жизнью нашел рецепт, а именно – находить вокруг себя тех редких людей, в которых явно сияет вечная жизнь, и учиться у них, подражать Духу Святому звучащему в них, таким образом прийти к встрече с Христом и жизни с Ним – для чего и существует церковь.

Потому так важно тянуться ко всему, чем является Церковь как она есть. Литургией, молитвой, праведными и светлыми людьми, мировой культурой, важной для каждого мелочами (в которых так много узнаётся Бог). Помнить, что Церковь – это только то, чего в ней касается Дух Святой. Всё прочее, каким бы громким именем оно ни звалось, так же мало может сказать нам о церкви как и обезьяна о симфонии или жаба о звёздах. Личное ощущение Бога, общая жизнь с Ним – вот единственная возможность всё видеть на земле правильно, каким оно видится с неба. Только тогда мы будем спокойны, зная, сколь много Бог привел добра в этот мир, да и жизнь тогда окажется для нас Его сказкой.

Человек предания видит церковь в её вселенском измерении, а не только как русскую, греческую, сербскую, румынскую, болгарскую и т.д. церковь своего времени. Он вмещает в себя все эпохи и времена и, зная, исторические повторяющиеся болезни церкви, смотрит глубже их. Так он видит церковь как Царство Троицы, а повторяя слова «Символа веры» о её святости, не сомневается в этом, так как знает – к церкви принадлежит только то чего касается Дух, либо то, что искренне стремится к Духу.

Невежество, фарисейство, формализм, лицемерие, неподлинность – вне и помимо церкви, хотя в земных храмах, по слову притчи Христовой, как в рыболовном неводе, есть не только морская рыба, но и горы всякого мусора. И всё же, сколько бы туристы ни набросали в воду банок из-под колы, мусор – не океан. Что же такое океан Церкви? Он – живая встреча со Христом, которая всегда совершается там, где мы сходим на глубину бытия. А ещё жизнь с Богом, в которой человек предания растёт, потому что Бога в нём постепенно становится больше.

Церковь, как она есть, всегда открывается в красоте: молитвы, творчества, отношений. Искаженности остаются в прошлом, потому что злу не обещано жизни вечной. Ибо зло – смертно, доброта же умереть не может. Потому и смотрят люди предания с радостью и надеждой – они знают, что в сказке жизни есть драконы и тролли, но не им обещан счастливый конец. Да и церковь всегда есть то, чем мы переживаем её в литургии, молитве и красоте.

Через общение с другими живыми носителями предания, через прикосновение к красоте человек восстанавливает в себе святоотеческое сознание. Такое восстановление всегда сопровождается радостью. Мне приходилось услышать как люди ликовали и обретали силы жить и творить только услышав рассказы о современных старцах, а общение с такими подвижниками и вовсе обращало для увидевших мир в красоту живой Божьей сказки.

Ведь всякий человек заражен страхами и неспособностью верно увидеть мир. Исцеляет от этого состояния один только Дух Святой, и Он даёт ощутить жизнь и землю как великий повод для благодарности. Церковь для обретающего святоотеческое сознание будет тем, что она и есть – полнотой, жизнью всех верных в Боге и красотой Духа, где всякое зло находится вне её, принадлежа миру сему, но никак не церкви, которая теперь угадывается человеком во всей мировой красоте.

Потому что христианство там, где ощутима красота Духа Святого, которая выражается в литургии, молитве, искусстве, творчестве и отношениях между людьми.

Восстановивший в себе подлинность взгляда, бывает потрясён тем, как ему теперь открывается всё вокруг. Так в своё время были потрясены и отцы «Добротолюбия», говорившие, что лишь тот, кто видит мир хорошим, чистым, пронизанным Богом и ведомым к радости – видит его правильно. Да иначе не может и быть у Бога-Любви, а любовь никогда не попустит зла любимому.

Итак, человек предания всегда видит мир как светлую красоту и сказку, где Господь умеет даровать добрым счастье.

Известного историка моды Александра Васильева однажды спросили журналисты: «Вам не кажется, что ваша борьба за хороший вкус, – это борьба с ветряными мельницами?». И он ответил: «Но это же удовольствие! Жизнь это удовольствие! Добиться цели у меня не задачи...». И разъяснил, что в любой стране всегда есть какая-то часть людей, которая хочет, чтоб их жизнь была созвучна чему-то высокому и прекрасному.

Наверное, таков всегда и есть труд подвижников доброты и красоты – они знают, что слышит всегда меньшинство, но это меньшинство состоит из самых светлых либо стремящихся к свету людей. Мы все созданы для рая и высоты, но говорить о дороге к подлинности можно только с теми, в ком жива эта жажда – пить воду истины у берегов красоты.

И, как и много веков назад, всякому формализму с неподлинности противостоит человек предания, который оценивает свою современность с точки зрения вечности, а потому он красив, как красивы лишь только те, в ком другие могут узнать христианство.

Свобода православия

Каждому, старающемуся пребывать в истине, если только он не беден умом, придётся столкнуться с тем, что Антоний Сурожский называл «травматическим опытом церкви». Это связано с тем, что далеко не каждый, кто пришел в храм, приходит ради того, чтобы через аскезу, таинства и служение людям обрести Бога и близких в полноте. Большая часть пришла решать личные проблемы. Миряне – с работой, семьёй, зарплатой или здоровьем, священники – финансовые, епископы – обретения власти и так далее. Конечно, каждый, кто является христианином только по названию, всегда колет других своими страстями.

Шопенгауэр говорил, что это вообще свойственно для людей – они похожи на дикобразов и при встрече колют друг друга. Они даже и не могут иначе, ибо живут для себя.

Не случайно ведь святой Паисий Афонский говорил, что в ту меру, в которую мы живём для других, мы обретаем Христа. И наоборот. А внешний христианин становится либо обывателем в вере, либо фарисеем. Он непременно будет колоть того, кто даже только старается жить по Духу. Вот почему хорошо, когда в храме обижаем не мы, а нас. Это говорит о нашей непричастности миру страстей или о жажде такой непричастности. Есть греческая поговорка: «Хорошему человеку тяжело даже в церкви». Только хороший и есть церковь. Апостол прямо говорит: «Кто Духа Христова не имеет, тот и не Его»

(Рим 8:9). Можно занимать любое церковное положение и должность, и не быть человеком церкви, ибо это состояние определяется только лишь благодатью.

Среди святых и праведников было много разных, во всех смыслах людей, но не было никого, кто бы не старался жить для других.

То, что мы точно знаем, так это то, что Бог все усилия зла сводит к хорошему концу для всех добрых людей земли и церкви. Чем больше видимое нами зло, тем грандиозней будет Его победа. Христа распяли – и спасена Вселенная.

Иосиф Бродский выражает это словами:
Знал бы Ирод, что чем он сильней,
тем верней, неизбежнее чудо.
Постоянство такого родства –
основной механизм Рождества.

Церковь не создана для того, чтобы в ней кто-нибудь кем-то правил. Между тем, в Церкви всегда есть люди, которые ведут себя не как служители, а как чиновники. И на местах своей малой, временной и извращённой власти они, одновременно, и угнетают живущих по Духу христиан, и стараются обратить хотя бы часть Церкви в мертвенность и духоту клерикальной организации. Они, конечно, не в силах извратить онтологическую сущность Церкви. Угнетая живущих христиан по Духу, они делают небо более желанным для последних.

Бог отплачивает этим фарисеям и бюрократам тем, что их имена будут неинтересны даже историкам. Один греческий старец сравнивал такого бюрократического епископа с докучливой мухой, которая, хотя и мешает, но не может отвратить живущих по Духу от верного пути.

Быть чиновником в церкви, быть в церкви ради власти – это далеко уйти от пути святых отцов и от благодати, без которой мы чувствуем свою жизнь как проживаемую напрасно. Посему, чтобы вынести боль от соприкосновения с такими колючими людьми, нужно прикосновение к Духу. Тогда церковь начинает видеться во всей полноте, укоренённая в вечности и прекрасная, с миллионами верных и праведных, как непрекращающаяся пятидесятница, вечное излияние Духа Святого на всё творение, церковь как тело Христово и Царство Троицы. И тогда всякий чиновник-бюрократ, всякий несущий холод человек в ней так же не может затмить её красоту, как муха, пролетающая над Святыми Дарами на литургии. Ведь только собственные глаза можно заслонить кошельком от солнца.

Главный критерий присутствия Духа Святого в человеке – не специальная одежда, не знания, и уж никак не боязнь всякой сотворённой людьми красоты. Знаки Духа в сердце таковы – рядом с этим человеком тепло и он всегда стремится прийти на помощь. Именно эти люди и есть церковь по своей сути, они, а вовсе не холод тех, кто в церкви не идёт по пути аскезы и умножения красоты.

В этом смысле церковь, как океан. На поверхности волны, мусор, а на глубине встреча со Христом и со всеми, кому искренне нужен Христос. Тогда мы тоже видим всю землю в русле Его промысла о бытии, и глубже боли понимаем, что наш Бог – есть Бог хороших концов.

Только Бог мог знать и открыть, что все блаженства для человека начинаются и утверждаются в том, что он ощущает других людей лучше себя. Тогда человек любит и служит и это делает его причастным Духу, делает тем, кем он был задуман Господом и для чего приведён в бытие. Дух Святой несказа́нно расширяет сердце, давая жить онтологией и высотой. А это и есть свобода, которая заключается в том, что человек видит всю землю небом и ошеломляющая реальность Бога даёт ему возможность на всякое зло смотреть как на малую временность, все труды которой пропадают впустую. Ибо из всякой крупинки мира и времени Троица растит Своё царство.

Православная библиотека – Orthodox Logos

- *Песня церкви - Праведники наших дней* – Артём Перлик
- *Сказки* – Артём перлик
- *Патристика* – Артём Перлик
- *Следом за овцами - Отблески внутреннего царства* – Монахиня Патрикия
- *Откровенные рассказы странника духовному своему отцу*
- *Семь слов о жизни во Христе* – праведный Николай (Кавасила)
- *О молитве* – святитель Игнатий (Брянчанинов)
- *Об умной или внутренней молитве* – преподобный Паисий (Величковский)
- *В помощь кающимся* – святитель Игнатий (Брянчанинов)
- *Христианство по учению преподобного Макария Египетского* – преподобный Иустин (Попович), Челийский
- *Священное Предание: Источник Православной веры* – митрополит Каллист (Уэр)
- *Толкование на Евангелие от Матфея* – святой Феофилакт Болгарский, архиепископ Охридский
- *Толкование на Евангелие от Марка* – святой Феофилакт Болгарский, архиепископ Охридский
- *Толкование на Евангелие от Луки* – святой Феофилакт Болгарский, архиепископ Охридский
- *Толкование на Евангелие от Иоанна* – святой Феофилакт Болгарский, архиепископ Охридский
- *Таинство любви* – Павел Евдокимов

www.orthodoxlogos.com

www.ingramcontent.com/pod-product-compliance
Lightning Source LLC
Chambersburg PA
CBHW060556080526
44585CB00013B/590